Le Manifeste de la Raison Objective

Route vers la Société Équilibre

Facebook
Auteur : Christian Kamtchueng
Livre : @LaRaisonObjective
Twitter : @CKamtchueng

© CTK Edition, 2016

ISBN : 978-2-9536453-6-1

Préface.

Cet essai a une histoire profonde. Il est né d'une révolte naturelle associée à mon épanouissement personnel. À travers une recherche personnelle existentielle, j'ai dégagé une mission universelle. Je ne pouvais laisser le monde dans un tel désordre en toute conscience. J'avais une conscience, conscience de mon environnement, mais aussi une conscience morale. Il est bien dur de pouvoir réfléchir dans notre société en perpétuelle mutation ; mais continuellement écrasant la masse[1].

Je voulais ce manifeste simple et lisible pour cette masse piétinée, mais aussi d'une évidence implacable pour le commun. Le but est que la masse ne soit plus ignorante, mais armée d'une réelle alternative de pensée.

La révolution est proche, je peux la sentir, elle sera compacte, dévastatrice, mais j'espère que cette pierre pourra la rendre constructive avec une vision et une direction cohérentes que je nomme l'équilibre.

L'équilibre, la balance et la justice sont des symboles et concepts liés à une stabilité naturelle.

J'approfondirai ces notions qui ne sont pas sans rapport avec mon activité professionnelle. J'étais le bon dans un environnement mauvais, celui qui apportait la cohérence à un système qui, intrinsèquement, n'en possédait pas.

---

[1] Par ce terme, nous désignons la masse oppressée dont je ne me dissocie pas bien au contraire. Le caractère péjoratif n'est pas recherché mais reflète la considération du capitaliste pour cette dernière.

La première version de cet essai a été perdue dans la technologie. J'aurais pu en rester là, mais mon devoir s'associait à une ténacité sans égale. J'avais une destinée pressante qui me poussait à agir. Si mon Manifeste était basé sur un développement logique et objectif, il devait m'être facile d'en retrouver l'essence. Le défi ne devait pas en être un, auquel cas mon argumentaire était forcé et peu clair, je devais être le plus lisible possible.

J'ai perdu deux textes fondateurs, deux formats différents qui partageaient cette idée de l'éveil existentiel et social…

Ma résilience aura pour but de perfectionner mon travail… je vois ces obstacles comme des épreuves formatrices et fondatrices…

Plan.

Introduction.

1. Quel Système ?
a. Capitaliste et libéralisme : l'échec en quelques paradoxes.
b. Économie de la dette : le cercle vicieux pour la majorité, vertueux pour une minorité.
c. La prison pas si dorée : fausse démocratie, fausse liberté.

2. Quelles Alternatives ?
a. L'Homme sauvage.
b. Civilisation nubienne/kemet.
c. Tentatives de Société Équilibre.

3. Quelles transitions ?
a. Société Équilibre : autarcie et autonomie.
b. Du capitalisme à l'équilibre sociétal.
c. Résumé et constat.

4. Conclusion : Le caractère utopique ne dépend que de la force et de la détermination de l'exécutant.

5. Annexes.
a. Afrisia.
b. WeRepo.
c. Nombre et économie.

6. L'Economie de la Guerre

7. Comment voter en 2017 ?

Introduction.

Le but n'est pas d'entrer dans une démarche politicienne, mais d'analyser le système actuel – défaillant – et d'en tirer des conclusions objectives. Après le constat, nous proposerons une alternative basée sur la raison objective et le respect d'un certain ordre naturel.

Notre conclusion peut paraître évidente pour certains, mais nous devons dans un premier temps analyser les failles de notre système économique qui se veut unique : la pieuvre capitaliste qui, attachée à la globalisation libérale et libertaire, a une faim insatiable de nouveaux marchés et de consommation à outrance. L'outrance provient de l'économie de la dette qu'on lui associe. Le constat n'est pas fait que sur le présent, mais sur une projection réaliste des caractéristiques propres de ce modèle économique. Ce modèle qui se veut « nôtre ».

Par « nôtre » et ces guillemets, nous voulons nous dissocier de ce que l'on nous vend comme l'absolution « capitalisme – ultra – libéral » et ce que nous souhaitons.

Notre alternative se doit de prendre en considération tous les modèles ou équilibres de société qu'a connus l'humanité ; pas seulement les histoires que l'on nous raconte sur l'éclosion des sociétés dites « modernes » à la source gréco-romaine, mais la vérité historique dans son ensemble.

Nous ne pouvons ignorer le passé ou les expériences historiques… Il serait déraisonnable, voire arrogant, de croire que nous n'avons pas besoin de connaître le passé pour construire notre futur.

Nous concluons avec les étapes qui conduiront à la réalisation de ce projet que beaucoup souhaitent utopique. Les étapes révolutionnaires inéducables, que prédisait Marx, ont, selon notre analyse, occulté un point essentiel dans la lutte des classes, l'épanouissement spirituel. Il est regrettable qu'une minorité composée de dits « initiés » décide d'éloigner le troupeau de sa mère Nature et de la morale qui devrait lui être associée. Ce sujet a longtemps été évité par toute volonté révolutionnaire, car la spiritualité fait face à la religion. Notre démarche veut rassembler les Hommes de bonne volonté, mais faire appel à leur raison en premier lieu. Cela ne les empêchant pas d'être liés à une quelconque croyance. Les Hommes ouverts à la raison sont capables de se distancier du dogme sans forcément le rejeter.

Avant-propos.

Je n'ai jamais cru en la politique. Venant en fait d'une famille modeste immigrée, le premier des buts est de s'intégrer. Je n'ai jamais eu le temps d'y penser – à la politique –, j'observais sans les voir ces politiciens qui étaient pour moi des pseudo-artistes, je ne pouvais pas leur accorder un autre talent que celui de prétendre d'en avoir un.

« Les qualités d'un politicien se limitent à prétendre et à avoir une expertise dans sa manière de déléguer. » CK

J'avais d'autres ambitions que de les écouter ou même de croire en leurs paroles, je voulais sortir de ce qui nous semblait prédestiné.

Je voyais tous ces sigles, labels et slogans qui ne me touchaient point, mais qui m'étaient associés.

Je n'étais pas intéressé. Si j'avais tout de la cible-type, j'étais, de par mon éducation et ma conscience de l'hostilité de mon environnement, prêt à combattre, mais pas à écouter. En effet, issu d'un foyer monoparental, évoluant dans une zone d'éducation prioritaire, je n'étais pas du bon côté de la ligne...

La ligne invisible qui sépare la masse d'électeurs « libres » indécis, ceux qui observent passivement la politique sans s'y intéresser activement, ceux-là mêmes qui écoutent et comparent encore les promesses sans même étudier la légitimité historique du discours, de ceux qui ont une conscience de la réalité du système politique.

Pour être indécis, il fallait réfléchir, car la majorité des cartes – dont ma carte d'électeur – était déjà sur la table ou plutôt dans les médias. La droite républicaine en bleu, le parti socialiste en rouge… entre les deux le blanc de mon vote. Moi, voter blanc, le « Noir » sans culture bercé dans ce complexe d'intégration qui devrait me pousser « naturellement » vers la gauche si solidaire et généreuse, partenaire de SOS racisme ; était-ce un paradoxe ?

Je n'avais pas le temps d'analyser ou de décrypter le marketing ou le « jeu » politique, comme beaucoup, il s'agissait de divertissement. On retenait facilement la belle rhétorique sans en saisir la substance.

J'ai toujours eu confiance en moi. Ma confiance, quand elle atteint ce type de hauteur, est souvent perçue comme de l'arrogance. Seul mon sang pouvait l'expliquer, mais je ne me sentais pas malade, juste déterminé à accomplir la mission dont je me sentais investi. Je ne connaissais pas encore cette dernière, mais l'imaginais loin de ces agitations politiciennes.

Au fil du temps et de mon accomplissement professionnel, j'ai appris à dissocier les informations de la vérité…
J'ai passé mes années universitaires sans télévision, concentré sans l'être sur ma destinée.

Kamtchueng Tchuenté Christian descendant Lohoué, Tchuenté, Sa'a TChoumlang, Zomeffo.

Cet essai n'est pas une œuvre souhaitée, mais un devoir… j'aimerais dire « citoyen », mais ce terme n'a que peu de sens dans notre système économique.

Je ne suis pas un politicien, mais un politicien par défaut... car il faut bien que le changement vienne de la société civile, il ne peut venir de ces politiciens vendus au système.

Avant tout changement, il est important de prendre conscience de sa nécessité.

L'œuvre a pour but d'ouvrir la masse dans un langage et une logique argumentative simples sur le besoin de changement et les moyens d'aspirer à une alternative réaliste.

Dans un premier temps, nous allons ériger les bases de la société idéale, **Société Équilibre**, puis dans un second temps, élaborer les étapes de transition de notre système à celui mentionné en première partie.

Le but est de comprendre notre système actuel et ses nombreuses défaillances. Il ne s'agit pas de petites anomalies que nous pourrions résoudre à coups de consensus, mais de profondes incohérences ; un inéluctable cycle de chaos chroniques.

Nous ne voulons pas répéter les travaux de Marx et Engels qui ont su de manière simple et efficace formaliser le paradoxe de la classe bourgeoise qui est assise sur la domination du prolétariat. Cherchant toujours plus de profit, la bourgeoisie, en augmentant son moyen de production, donne à la classe ouvrière les moyens de son émancipation, et par là même les armes qui la libèrent de ce joug.

Le caractère inéluctable de la révolution des classes et sur l'éveil de la classe prolétaire me paraît être une évidence. Marx parlait d'une révolution qui globale sonnerait la fin de la bourgeoisie capitaliste. Cette dernière demeure toujours vivante, crise après crise...

Il est évident que les technologies ont permis aux minorités majoritaires (la classe prolétarienne minoritaire si on associe une classe à son poids économique, ce qui est la référence du système actuel, Figures 4 et 5) opprimées de se rassembler et de discuter non seulement de leurs conditions, mais d'identifier les structures du mécanisme oppressif.

Je souhaite me concentrer sur la société de demain. Je répondrai dans un même temps à toutes les peurs et questions qu'engendrerait ma proposition.
C'est dans la dernière partie que nous nous attaquerons à la question du comment atteindre cet équilibre social et sociétal ?

Remerciements.

Je dois en premier lieu remercier ma femme pour son soutien. Son approbation fut essentielle dans mon engagement. Je sortais d'un circuit classique, me détournant du confort et des fruits de tant de labeurs qui m'avaient porté de l'autre côté de la ligne invisible.
J'ai eu très jeune les yeux ouverts sur ma personne... mon être. Je savais aussi où j'allais, mais il me fallut quelques années pour voir que peu importait mon salaire, on achetait mon silence, on achetait mon potentiel, on me dépouillait de mon instinct de survie en m'imprimant de nouvelles craintes ; la peur de tout perdre, la pauvreté, la précarité, le remboursement des dettes, la perte du travail...

Nous étions tous, d'un point de vue personnel, conditionnés à être au pas.

Et encore plus quand vous commencez à transiter entre deux classes ; le faux bourgeois est hanté par sa précarité, la perte ou le gain de prestige.

Pour ma part, je gagnais assez pour ne pas avoir à me plaindre du système et faisais des envieux par mon ascension. Je n'avais pas hérité et avais réussi à battre les probabilités. Ces individus, que je représentais, se souviennent souvent d'où ils viennent, et donc emploient la même détermination pour éviter de revenir à la classe de départ.

Pourtant, cela devrait être la classe des révoltés. La classe des éveillés, ceux qui ont connu l'oppression et ont dompté le système.

En effet, ceux qui ont hérité n'ont pas conscience de la réalité de leur environnement dans sa globalité, et ont donc encore moins l'envie de le combattre.

« Un vrai champion ne se définit pas dans les victoires, mais dans les défaites » CK

Être prêt à tout perdre pour sa liberté, c'est cela qui différencie un Homme entier d'un esclave.

Il y a trois types d'individus :

- Les Hommes éveillés, mais qui préfèrent fermer les yeux pour des raisons multiples : lâcheté, corruption, fatalisme, défaitisme ;
- Les Hommes non éveillés : inconscients ;
- Les Hommes aux yeux ouverts : indestructibles et irrévérents, car libres.

Dans notre société noyée dans l'hyper communication, il est bien difficile de dissocier les individus ; entre ceux qui pensent que le pouvoir ou l'argent font d'eux des maîtres, mais qui se retrouvent esclaves de leur « pseudo » statut, et ceux qui, fatalistes, ont perdu tout pouvoir de penser et sont endormis dans un supplice perpétuel qu'est la survie.

Quel système ?

« Avant de contrôler son environnement, il est essentiel de le connaître » CK

Avant d'énoncer tout plan d'action, il est important d'être clair et d'accord sur le constat. C'est le seul moyen de pouvoir engager des actions pertinentes.

Lettre à mon Amour.

Cher Capitaliste,
Je t'ai côtoyé toute ma vie, jusqu'à en oublier ce qu'était la vie sans toi. Tu as été mon oxygène, je te voyais partout, dans tous les recoins, tu étais l'absolution.
Je croyais que tu annihilais mon désir de consommer, mais tu étais à sa genèse.
Je ne réalisais pas le prédateur que tu étais…
Sous ton emprise, j'oubliais le passé avant toi, et pire, je ne pouvais envisager un futur sans toi.
Doucement, tu m'as conduit à l'endettement, pire tu m'as persuadé que c'était normal.

Tu as été violent, et chaque violence était compensée par une caresse que je ne pouvais m'offrir. Qu'importe mon pouvoir d'achat, tu repoussais les lignes de crédit. J'étais au chaud dans tes bras, tout semblait accessible ; agios, prêts à la consommation, j'étais ton débiteur. Je te devais tout, mon bonheur comme mon malheur. Rien n'était trop beau ou trop cher, j'avais ce que je désirais. Je ne voyais pas ma condition d'esclave, tu avalais même mon temps de réflexion. J'avais ma part de culpabilité. Obnubilé par tes présents, je n'avais plus la tête à réfléchir. J'avançais en ayant perdu mon but, j'étais accro à tes passe-droits, à cette sensation de puissance que m'octroyait l'argent que tu me donnais. Il me filait entre les doigts, mais qu'il était bon de le dépenser. Je me sentais exister par ce pouvoir de consommation dont tu m'abreuvais.

Je n'avais pas le temps de me laisser pénétrer par une quelconque jalousie, rien ne t'égalait. Il fallait être fou pour te rejeter, comme tu le clamais plus ou moins implicitement… tu rimais avec liberté et démocratie. Effectivement, tout le monde avait le droit d'avoir ce qu'il désirait à condition d'en avoir les moyens… de crédit !

Qu'il était beau de vivre ce rêve éveillé dans tes bras !

Je n'étais point aveugle, je voyais ton appétit dévorant. Tu n'étais jamais rassasié, il y avait toujours quelque chose à prendre, tu étais insatiable. Je te voyais comme l'eau que l'on tenterait de contenir dans un poing… il te fallait toujours plus, et tu trouvais toujours un moyen pour combler ta faim ou arriver à tes fins. Je te voyais en soumettre bien d'autres pris dans cette illusion de plaisir ou de fatalisme. Nous étions des hamsters courant sans savoir pourquoi. Nous étions maintenus en vie pour le plaisir d'inconnus et étions traités avec juste assez de gentillesse et de dignité pour ne pas nous rebeller.

J'ai mis du temps avant de voir ton vrai visage. Ils m'avaient prévenu, mais je ne prêtais que peu d'attention à ces jaloux. Ils ne te comprenaient pas, ils te voyaient et avaient beau te maudire, je n'étais pas réceptif, j'étais sous ton emprise. Ils me disaient que l'herbe était plus verte ailleurs, je ne pouvais le croire. Comment pouvait-on faire mieux que la démocratie ou la liberté ?

L'idéologie dogmatique s'était installée, tu étais le juste quand ton antagoniste, le communiste, était le mauvais... pire : le malin. Tu détroussais tous tes partenaires de pensées et anéantissais l'individu au profit du capital. Il s'agissait de raccourcis et de contresens que ma naïveté et ma jeunesse ne pouvaient à elles seules expliquer. Tu es une machine en plus d'un escroc, tu emprisonnes tes victimes dans la spirale de l'endettement, et pour leur survie, les encourages à pousser à l'eau les derniers récalcitrants au système... tout ça en instaurant un naturel et une forme de moralité à ta démarche destructive. Tu impactais des générations et allais jusqu'à devenir omniscient. On ne pouvait échapper à ton pouvoir tentaculaire.

On avait prédit ta fin, je rigolais, car ces mêmes personnes te qualifiaient de cancer...

Le cancer se répand et est virulent, en attente, il ne lâche rien... comment pouvaient-ils espérer ta fin dans le même temps ?

Ils divaguent, me disais-je alors.

J'avais tort, je t'ai vu au fil des années atteint d'une maladie chronique. Tu avais beau dire, je voyais bien que tu étais touché. Ce qui ne me tue pas me rend plus fort, il ne pouvait en être ainsi pour toi ! Comment le juste pouvait-il se trouver touché ?

Peut-être n'y avait-il pas de justice ? Pourquoi était-ce à chaque fois la faute des autres ?

Les infidèles ?

Il m'a fallu du temps avant de réaliser la torture que tu me faisais subir... tu me pressais, tu prenais mon essence et, une fois le jus extrait, c'est sans remords que tu prenais mon zeste... pire, tu es prêt à me faire payer pour le supplice. La précarité, ta couverture sociale si chauffante, disparaissait... car j'étais devenu fou amoureux des prix bas, j'aimais voir cette compétition autour de moi. J'étais devenu un précieux consommateur... sans plus grand moyen, si ce n'est cette ligne de cocaïne qu'était ma ligne de crédit. Tu m'envoyais des cartes que j'utilisais sans remords, sans avoir conscience que derrière chaque prix bas c'était ma qualité de vie que je mettais sur la balance. Tu me troublais jusqu'à mon travail, je n'avais pas une minute, mais je devais déjà céder face à la précarité pour survivre dans tes bras. Tu allais jusqu'à hanter mes nuits dès le premier faux pas... tu avais des amis, comme le banquier toujours à l'affût de l'écart incontrôlé, le but était de te maintenir à flot. De te sentir aimer, sans jamais avoir la sensation d'être abandonné. Ton étreinte devint étranglement, tes baisers charmants devinrent des viols. Ma dévotion n'était plus que de la soumission, j'étais devenu ton esclave. Junkie, si au départ je faisais tout pour satisfaire mon addiction, il s'agissait maintenant d'une question de survie.

Alors quand une nouvelle fois tu te trouvas grippé, et quelle grippe, en 2008, je n'ai pu me retenir et me suis réjoui de la fin de ton règne. Le futur n'était pas plus beau, toujours opaque, je le voyais se dégager d'un de ces plus gros tortionnaires (tu contrôlais l'espace et le temps).

Certaines de tes conquêtes corrompues étaient effrayées par ce qu'il adviendrait du monde sans toi. J'aurais pu faire partie de cette catégorie si seulement tu ne t'étais retourné sur moi en créancier. Je te donnais tout, mon travail, ma souffrance, mon temps et mon futur… je n'étais plus rien, j'avais perdu toute faculté de penser et donc toute mon humanité. Mon imagination et ma créativité n'étaient que pour te servir, je pensais à tort que je gardais un contrôle sur mon destin. Ton emprise était abusive et imposante. Tu étais partout, visible et invisible, tu perturbais mon esprit et polluais mon environnement. Je n'étais pas aveugle, mais trop à l'aise sous cette paire de lunettes grand luxe.

Je préparais ton lit de mort avec jubilation, j'aurais même aimé être la cause de ta chute, mais être spectateur était déjà très jouissif. Toi le puissant, toi le Très-Haut, te trouvais à genoux par les armes qui t'avaient maintenu au pouvoir ; la Finance et le Crédit.

Le monde t'avait terrassé, et même si tu n'en es point mort, nous nous sommes faits à l'idée de ta vulnérabilité. Tu es défaillant, pire, destiné à défaillir, car ton appétit destructeur te consume. Tu as besoin de trouver un équilibre vicieux où, comme une mécanique suisse, nous, tes jouets, passerions de consommateurs à « *cheapest to produce* »…

Si tu nous racontais que ton ennemi était une utopie, tes conditions de survie éternelle le sont aussi. Il faudrait pour cela priver l'Homme de son bon sens ou l'aveugler émotionnellement pour éviter l'inévitable.

La révolution est proche.
Ce sont des adieux bien chaleureux que je t'envoie…
Je souris en pensant à ce jour où ton nom disparaîtra du dictionnaire, ou plutôt lorsque ton règne sera dépeint avec les tristes couleurs du désespoir qui te suivaient.

Bien cordialement,

Citoyen du Monde

Paradoxes et inconsistance du capitalisme libéral.

Il ne s'agit pas d'une liste exhaustive, mais juste de quelques exemples flagrants et fondateurs d'un rejet fort de ce qui est devenu une doctrine sponsorisée par les profiteurs du système. Ces paradoxes nous serviront dans notre constat et dans notre argumentaire pour une **Société Équilibre**.

Optimisation fiscale.

Après la crise du crédit, les grandes firmes furent montrées du doigt comme étant les majeures profiteuses de crises. Le terme « grandes » ne veut rien dire, au vu des défauts engendrés par la crise sur des institutions capitalisées telles que Lehman Brothers, GM et bien d'autres.

Les firmes survivantes, dont certaines bénéficiaires du sauvetage interventionniste des États, se sont concentrées à rassurer leurs investisseurs en toujours maximisant leur profit. La crise a eu un double effet : globale, elle a impacté la croissance mondiale, mais aussi affecté l'appétit des capitalistes. Le risque de défaut fut tel que le rebalancement de portefeuille devenait envisageable, jusqu'à devenir une nécessité pour certains investisseurs. Les derniers actionnaires, encore mangeurs de risque, s'affairèrent sur le meilleur retour sur investissement.

Les institutions cotées en Bourses se sont donc concentrées sur l'amélioration de leurs profits nets, afin de préserver leur attractivité (garder les investisseurs contents). C'est dans ce contexte – optimisation de performance – que les grandes firmes ont licencié ou relocalisé. Il ne s'agissait pas de simple profit, elles étaient contraintes de se concentrer sur le maximum des performances.

$$R_{t_i} = \frac{S_{t_{i+1}} - S_{t_i}}{S_{t_i}}$$

Et non sur $S_{t_{i+1}}$, avec R_{t_i} le rendement arithmétique au temps t_i et S_{t_i} la valeur de l'action associée à l'institution à l'instant t_i .

C'est toujours dans ce même contexte de maximisation des performances que ces firmes ont investi dans un processus d'optimisation fiscale. Notons que le contexte de la crise a attiré l'attention du public, mais il s'agit d'une pratique connue et reconnue. À l'inverse de l'évasion fiscale, l'optimisation est légale. Les politiciens, à la suite de la crise de 2008, ont été pris à la gorge par l'opinion publique. Ils ne pouvaient laisser une telle « anomalie » publique sans rien faire.

Pourtant, en qualité d'ancien chef marketing d'une agence de défiscalisation, la règle est simple : plus vous avez d'argent et plus vous avez accès à des dispositifs d'allègement fiscal.

En fait, c'est un processus de répartition des richesses connu d'une minorité : on demande aux forces vives du secteur privé de suppléer l'État dans certaines activités ou secteurs d'activité contre des réductions d'impôts.

En Europe, ces firmes furent accusées d'être bien trop génératrices de profit pour ne pas payer d'impôts. Il suffit d'analyser la situation pour se rendre compte que l'argumentaire était bien faible et consistait plus en des reproches d'ordre moral dans un univers immoral. En effet, il ne s'agit pas seulement de situations autorisées et connues des politiques, nous sommes très loin d'inculpations judiciaires, mais plus d'un pseudo-jugement moral qui a un coût lui aussi dans notre système économique.

Le risque de réputation a des conséquences dévastatrices qui ont poussé ces grands groupes à céder face à la pression politico-médiatique.

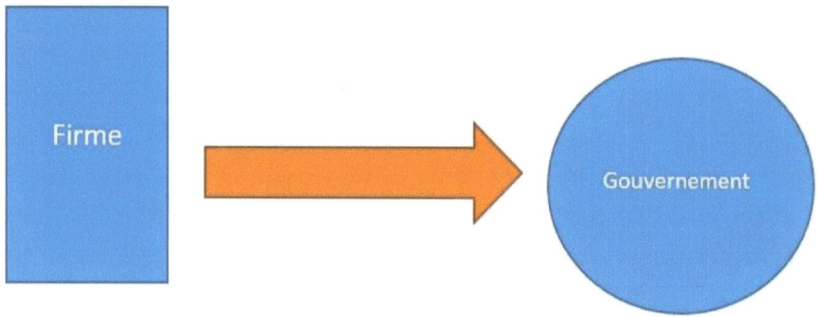

Figure 1 : Firme paie ses impôts au gouvernement

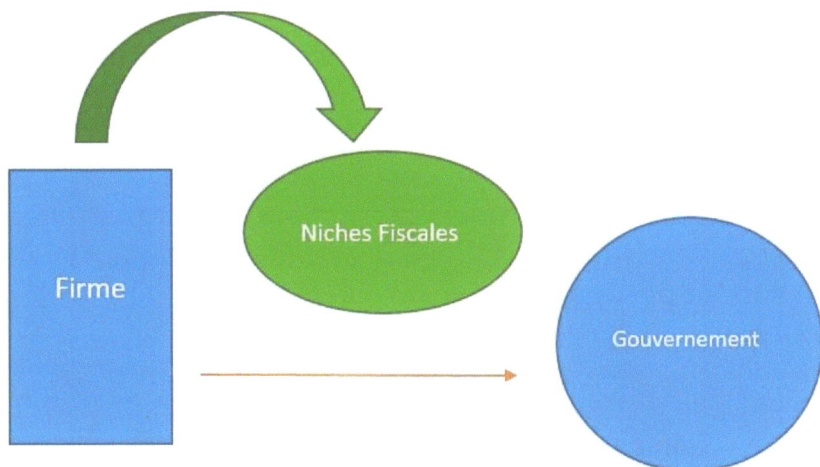

Figure 2 : Firme optimisant sa fiscalité via des niches fiscales

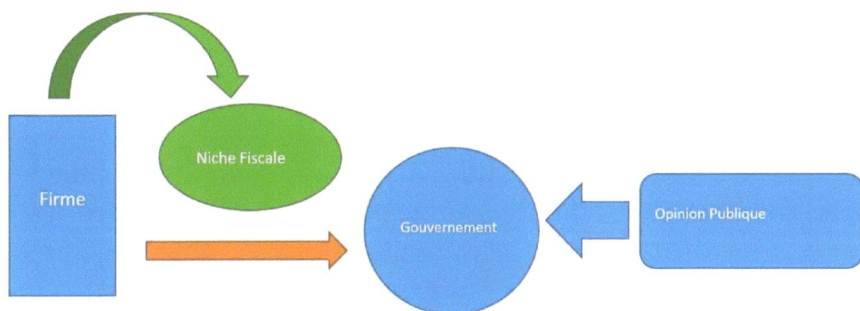

Figure 3 : Firme cédant à la pression du gouvernement

La Firme paye des impôts conséquents à l'État (Flèche orange, Figure 1). Elle décide d'optimiser sa fiscalité grâce aux services d'un cabinet spécialisé (Figure 2). La pression de l'opinion publique pousse le gouvernement à sanctionner publiquement et moralement la firme qui finit par céder en ne payant des impôts sur aucune base fiscale officielle (négociation, Figure 3). La Firme peut se retrouver avoir des coûts supérieurs après le battage médiatique qui nuit à sa réputation que si elle avait décidé de ne pas optimiser sa fiscalité.

Ces firmes payent des cabinets de fiscalité une fortune ; bien ridicule du point de vue de l'économie réalisée, mais bien excessive pour le travail de ces firmes qui, au passage, aident le gouvernement dans la création de ses textes de lois fiscales.

Elles se retrouvent donc des deux côtés, avec une expertise exceptionnelle sur les niches fiscales, car elles ont participé à leur élaboration, ainsi que sur le vide juridique qui les accompagne.

Si on peut clairement blâmer les politiques pour ce vide, si les politiques eux-mêmes blâment ces grosses compagnies, nous avons ces firmes de conseil qui échappent à la critique morale, mais surtout publique.

Démocratie.

Souvent attribuée à la civilisation grecque – comme beaucoup trop de choses – elle a une origine bien plus lointaine, une origine kemet. L'idée n'est pas de philosopher sur l'origine de ce concept, mais sur la réalité de ce dernier dans notre contexte économique.

La France est un pays qui a toujours eu une image révolutionnaire. En effet, le gouvernement a peur du peuple, car ce dernier proteste et manifeste culturellement. Ces dernières années, la pression bruxelloise (européenne), ou plutôt de notre système économique, a forcé les politiciens à la réforme.

Cette dernière, guidée, n'est pas forcément constructive pour les pays engagés, mais nourrit le système dans cette dette perpétuelle. Peut-on être démocrate dans un système esclavagiste ? Ne vous méprenez pas sur l'Histoire, l'endettement est une forme d'asservissement bien connue.

Il ne faut pas confondre financement et économie de la dette : l'un est basé sur une logique constructive de remboursement, l'autre asservit l'emprunteur sans espoir de rembourser le capital du créancier, ce dernier se satisfaisant de la rente éternelle associée aux intérêts perçus.

Le but du créancier n'est pas de mettre en défaut son tributaire, mais de lui permettre de survivre tout en assurant son devoir lié à ses intérêts.

On a vu, à travers toute l'Europe, la peur du référendum. Il n'y a pas plus démocratique que ce dernier, encore que l'obtention d'une carte d'électeur puisse parfois être difficile. En France, l'usage de l'article 49, alinéa 3, de la Constitution, dit « 49.3 », a été une parade explicite, loin des turpitudes loufoques et ridicules de certaines pratiques parlementaires : lois présentées tard le soir, la veille de jours fériés… Il est intéressant de voir que le 49.3 a été instauré pour éviter le jeu et blocage politique et qui devrait justifier un appel au peuple direct plutôt qu'à l'outil « représentatif » qu'est l'Assemblée nationale. Aujourd'hui il est vu par les politiciens comme un joker antidémocratique puisqu'il n'est pas suivi d'un référendum.

Notons que la dictature de notre système économique pousse à la valorisation de toute chose et a conduit à l'achat de l'appareil politique qui, lui, devrait être l'outil d'expression et de libération des peuples. Le contrôle est total dans les pays dits « développés » qui sont criblés de dettes.

Le système de nomination américain est ouvertement biaisé : comment des représentants dits « grands électeurs » peuvent-ils avoir plus d'importance que les électeurs ?

On oppose la démocratie à la corruption et à la dictature, mais rares sont les pays non corrompus. La démocratie est un concept que l'on fait croire réel pour apaiser les plus faibles. On accepte plus facilement notre statut si on a cette illusion d'être libre.

Je me suis permis l'assertion suivante lors d'une de mes interventions radio :

« Une bonne dictature est souvent préférable à une fausse démocratie ».

En effet, le processus électoral occidental est source d'une multitude de problèmes, dont la durée du mandat : comment établir un programme politique en cinq ans ?

Il faut donc se faire réélire pour pouvoir accomplir ses promesses… pour ce faire, il faut consacrer une partie de son premier mandat à faire bonne figure en vue d'une potentielle réélection. Une dictature de personnes ou de partis est une dictature de vision. Les forces politiques peuvent se mettre d'accord sur une feuille de route sur dix ou vingt ans. Il est dès lors possible d'avancer sereinement sans perdre de temps ni de vue les objectifs fixés, dans les tourments de l'alternance ou de la peur de cette dernière.

Le peuple devrait être consulté sur les directions prises et trouver le processus représentatif le plus adéquat pour développer le projet collectif.

D'où l'importance du constat objectif. Pour une meilleure construction du projet de demain, il faut que toutes les forces représentatives s'accordent sur ce dernier. Enfin, le choix du projet ne devrait plus se porter sur les directions, mais sur les manières d'accomplir nos objectifs collectifs.

La démocratie comme elle est appliquée en France n'a que peu de sens, car les représentants politiques répondent à leurs électeurs en pondérant leur voix à leurs puissances économiques, comme cela est schématisé sur les Figures 4 et 5. Le schéma est implicite, mais connu de tous les initiés ; avant chaque campagne, il est bon d'aller chercher les voix des communautés organisées. Il ne s'agit pas de leur présenter un avant-goût de programme, mais juste de leur apporter les réponses à l'unique interrogation qui les anime : qu'allez-vous nous apporter ?

La question n'est pas anodine, car révélatrice de la portée du discours politique. Il y a le programme pour le peuple (votants majoritaires en nombre) et les engagements envers les communautés organisées. Ces dernières sont les grandes cibles des candidats les plus convaincants. Ils se moquent bien du programme marketing servant à se faire élire. Ces communautés sont les premières à investir en visibilité et à mettre les politiciens sur orbites médiatiques.

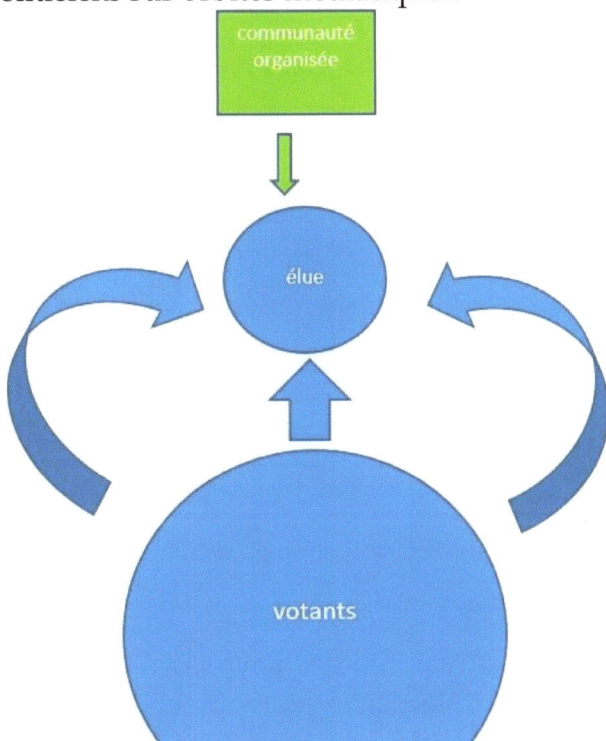

Figure 4 : Démocratie élection en nombre

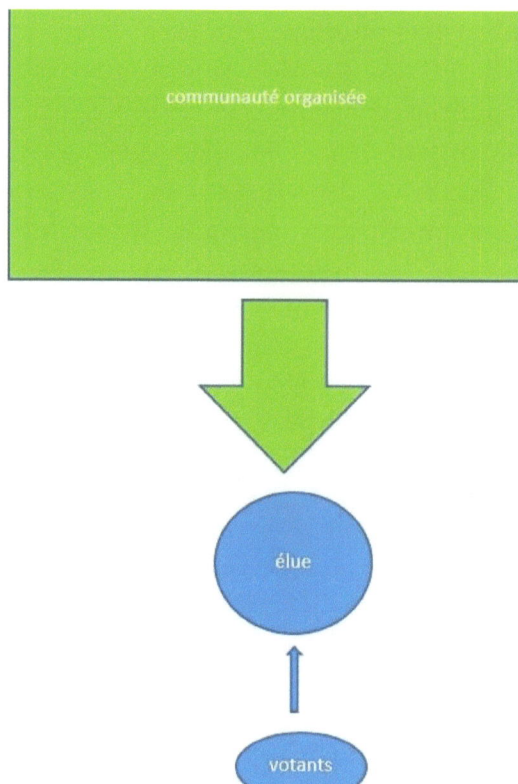

Figure 5 : Démocratie élection en poids électif

Les élections basées sur le suffrage universel ne sont qu'illusions. En effet, le politique a besoin de financement et de visibilité afin de se faire élire ou réélire. L'homme politique ignore donc la représentation en nombre de votants (poids électoral, Figure 4) et privilégie le poids électif (Figure 5).

Notons que dans la majorité des pays développés, le pouvoir médiatique est contrôlé par le pouvoir économique. C'est un des vecteurs que convoitent les politiciens. Cette visibilité et ce besoin engendrent un biais électoral où le contrôle de la masse peut se retrouver dans la main d'une minorité.

La croissance des pauvres : l'innovation des pays en déclin.

Après les crises des crédits et de la dette 2008, les pays dits « développés » se sont retrouvés à rechercher désespérément de la croissance. Le problème du capitalisme et de l'économie de la dette, déjà évoqué, se situe dans l'engrenage de l'endettement perpétuel qu'il implique.

En effet, ces pays ont dû faire un choix entre continuer dans ce système, et donc rechercher la croissance perpétuelle, ou adopter un programme d'austérité. L'innovation pour la croissance reste dans ces pays une belle illusion, ces pays ayant déjà effectué leur révolution industrielle et technique. Il n'y a plus rien à construire, mais un standard de vie à détruire. Dans ce déclin inexorable, il est bon de mettre en avant les magiciens capables de vous faire croire à l'innovation dans une croissance de pauvre.

En effet, la propriété se dématérialise pour devenir un moyen de *Levier* : on fait du covoiturage, on loue la voiture de son voisin, on fait de la colocation, on loue la maison d'un particulier...

Derrière le masque de la technologie Internet et des applications, nous entrons dans un déclin certain où ce qui était de l'ordre de l'entraide devient une activité économique.

Toute personne étant allée en Afrique, ou dans les pays dits du « Sud », reconnaîtra ces activités basées sur la précarité de la notion de propriété, la débrouillardise.

L'innovation augmente la croissance artificiellement, mais en fait masque le déclin de la société sur tous les plans : économique, moral, éthique.

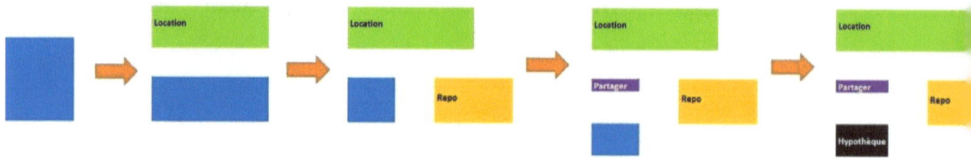

Figure 6 : Précarisation de la propriété

La propriété est en état de décomposition. En effet, les pays développés en déclin ont glorifié l'accumulation du capital, mais dans la recherche de l'ultra performance une grosse partie de l'innovation est là pour masquer la triste réalité. Le bien n'est plus détenu, mais loué, puis partagé, utilisé en collatéral pour finalement être hypothéqué (Figure 6).

Dans l'exemple ci-dessus, nous avons la propriété qui peut être louée, puis utilisée en qualité de collatéral (voir Annexe WeRepo) ou partagée pour finalement être mise en hypothèque.

La fracture est réelle, mais peu visible, car emballée par l'outil facilitant le démantèlement de la propriété. Il ne s'agit là que d'une partie des conséquences de l'ultra consommation.

Que se passera-t-il après l'exploitation totale de cette précarité, quand on aura loué à une personne ce qui ne nous appartient pas ? Pourrons-nous continuer à nier l'évidence ?

Les pays dits « développés » sont en déclin, ce déclin est inéluctable dans notre contexte économique.

Après être devenus de purs consommateurs, ils n'ont plus d'autre choix que d'accepter leur état de pays en déclin. En effet, on les a séparés des besoins primaires pour les rendre dépendants de besoins artificiels. Qui peut encore s'imaginer une vie sans téléphone portable ? Sans télévision ? Sans ordinateur ? Sans Internet ?

Machine déshumanisée.

« L'Homme est un loup pour l'Homme », nous avons perdu tout espoir face à la puissance du capital. Nous sommes en perpétuelle recherche du bonheur dans un environnement qui le rend ponctuel.

L'Homme n'a plus le temps de réfléchir sur lui-même et sur son environnement, il boit les rêves qu'on lui vend comme absolution. Il court sans savoir pourquoi…

« Plus *smart* est le téléphone et plus bête est son utilisateur » CK

Nous passons un temps fou à déshumaniser nos relations, l'entraide est devenue une activité économique ou un allègement fiscal… en fait, nos sentiments sont devenus des vecteurs de sources économiques, l'Homme est devenu une machine à consommer, il est pressé à en perdre son essence. Il a l'impression de vivre, mais il survit. Il ne ressent plus, mais il a l'impression de ressentir.

La morale, les mœurs, la famille, la générosité, l'empathie sont des reliques qu'il ne sait plus renouveler. Il n'est pas vide, mais empli de sentiments préfabriqués qu'on lui injecte sous perfusion télévisuelle, son univers est infecté par ce marketing purulent. Il n'est pas seulement déréglé, mais a perdu l'essence de son humanité et le sens des choses.

Nous sommes le reflet d'une société de consommation de masse ; on nous vend des peines, des pleurs, de la culpabilité et toutes autres sortes de sentiments, mais nous ne les produisons plus !

On étudie la Seconde Guerre mondiale (1939 − 1945) sans se soucier des millions de morts au Congo, dont le nombre ne cesse d'augmenter (toujours en comptage au moment de l'écriture).

On s'émeut du sort des réfugiés syriens sans se préoccuper des origines de cette guerre.

On est patriote après un attentat sans connaître les raisons du terrorisme.

Le pire, c'est que le droit de réserve est devenu la loi du silence. Si tu ne manges pas ce que l'on te donne, tu dois te taire ! On ne doit surtout pas faire dérailler les autres machines.

En abusant du contrôle de l'esprit, nous avons perdu notre humanité et surtout tout sens moral.

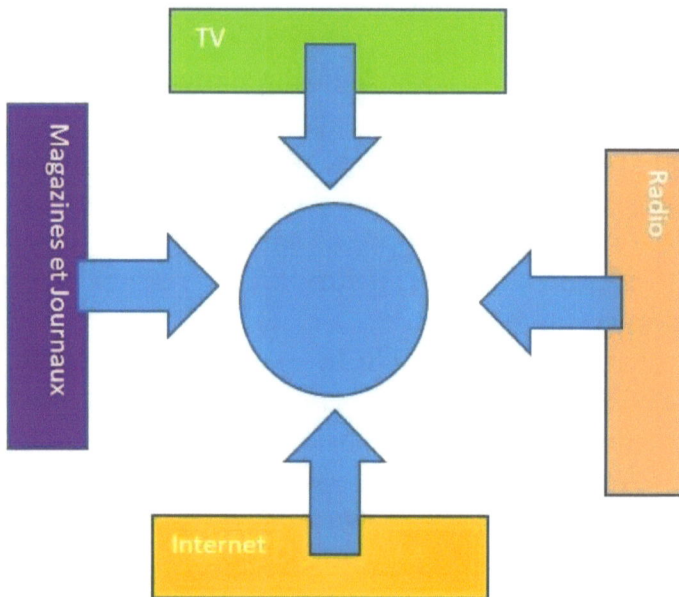

Figure 7 : Machine humaine

L'Homme se retrouve sous un rouleau compresseur, il a perdu son esprit d'analyse. Sa réflexion est orientée à travers de la propagande toujours plus habile et omniprésente. Il est agressé : télévision, journaux gratuits, radio, Internet (Figure 7). Pire, souvent gratuite cette propagande est dangereuse, car invisible pour l'œil non averti.

« Rien n'est gratuit, si une chose l'est, c'est que c'est vous le produit ! » CK

La femme libérée.

Le féminisme et la libération de la femme... Il a été déjà annoncé qu'aucune révolution ne peut être le résultat d'une concession. Le mouvement féministe aurait, tout comme le communisme, pu être aboli. Il n'est en rien le résultat d'un laxisme ou d'une lutte féroce, même si la lutte a été réelle pour l'histoire ; le travail des femmes est une source de main-d'œuvre peu chère, mais surtout destructrice de l'équilibre du foyer familial.

Il est loin le temps où l'on glorifiait la famille et ses valeurs. « Notre » système économique, tout du moins celui qualifié d'universel, « capitalisme libéral » est famille-inverse[2]. La femme était le socle du foyer.

La libération de la femme s'est accompagnée de l'éclatement du foyer familial et de ses valeurs.

Cette affirmation peut paraître dure face à l'effort de la gent féminine pour l'égalité des droits. Le caractère économique est évident puisqu'encore aujourd'hui une femme gagne moins qu'un homme au même poste. Les conséquences sont encore plus grandes au regard de l'éducation et l'ouverture du marché qu'elle implique.

On crée une nouvelle force de consommation (la femme a son argent) et on élimine une force de rétention, car la femme au foyer était aussi celle qui s'occupait des comptes.

L'émergence de nouvelles activités économiques, telles que les sorties scolaires, le *baby-sitting* ct donc in fine de l'éducation extrascolaire, mais surtout l'économie associée à la femme, que ce soit les produits de beauté, les soins esthétiques ou encore l'industrie textile, apporte de nouvelles perspectives dans la construction d'un nouveau foyer asservi au capitalisme libéral.

---

[2] Terme financier indiquant la direction opposée à celle de la famille du capitalisme

Il est difficile de regarder cette vérité, car il serait rétrograde de vouloir réduire la femme uniquement à ses attributions de femme au foyer. L'idée n'est pas dans le combat des femmes, mais dans le rétablissement et la préservation du foyer familial. J'insiste sur ce point, car un homme peut lui aussi rester au foyer. Il est tout à fait possible de considérer les grands-parents comme substituts, mais la mise en avant du foyer nucléaire a été la première étape de destruction de l'équilibre familial et de l'échange intergénérationnel. La place des grands-parents a disparu dans l'image de la famille. Respecter l'histoire, c'est aussi respecter ses aînées…

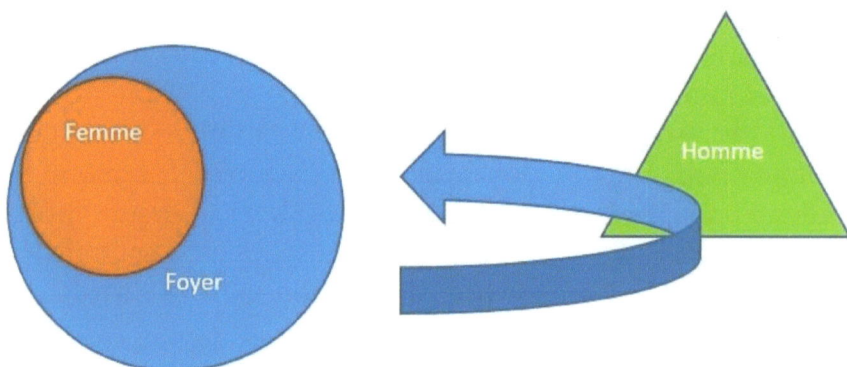

Figure 8 : Foyer nucléaire avec femme au foyer

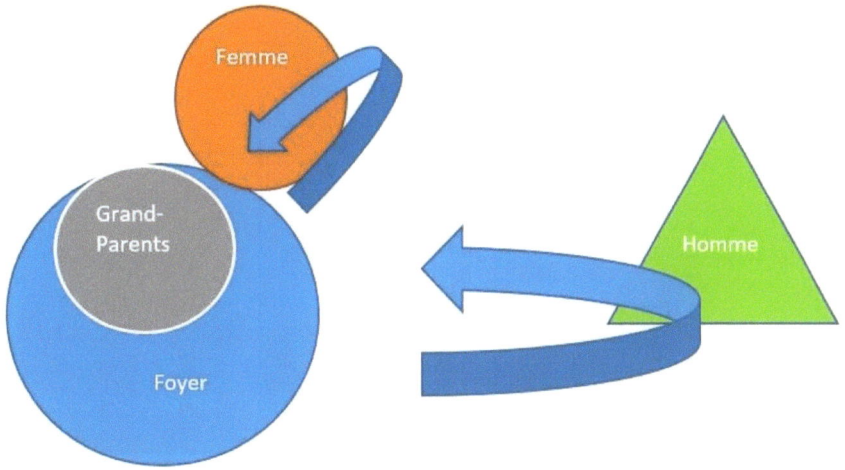

Figure 9 : Foyer nucléaire avec femme au travail et grands-parents au foyer

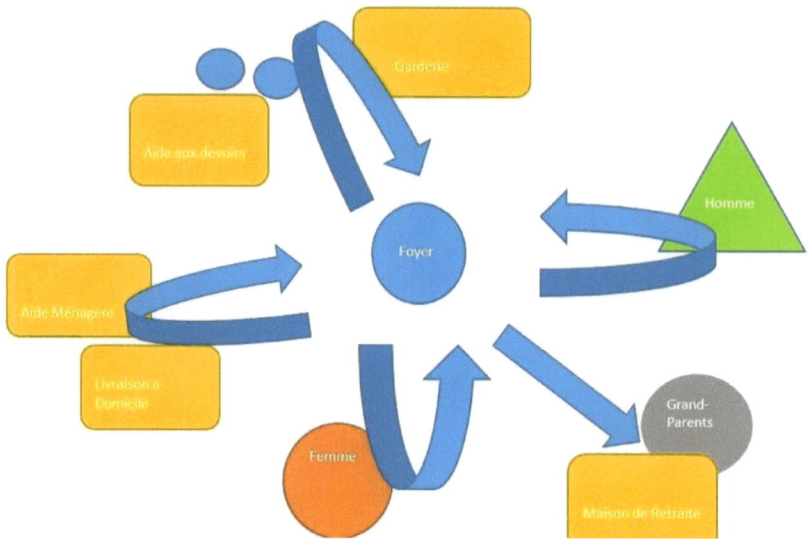

Figure 10 : Éclatement du foyer familial et économie associée

La femme était au cœur du foyer (Figure 8), mais sa nouvelle fonction bouscule l'équilibre familial. Si les grands-parents peuvent prendre le relais (Figure 9), ils sont eux aussi mis à l'écart par le capital. Ce sont des choix sociétaux qui ne permettent pas à la famille d'analyser son propre éclatement (Figure 10). En jaune, les nouvelles activités résultant de l'éclatement du foyer.

Ne voyez pas de propos ou pensées machistes, je parle d'un état de fait qui, peu importe le sexe, est une rupture supplémentaire entre l'enfant et son repère familial. Si la croissance peut justifier la substitution des liens familiaux par un artifice de liens financiers, il ne représente en rien une évolution. L'éclatement de la famille n'est qu'une étape qui s'empare même des valeurs familiales et de l'éducation morale que l'on délègue au système. La transmission des valeurs morales et éthiques ne se fait plus à la maison. Le capital accapare l'éducation des nouvelles générations.

Le capitalisme nous vend ses rêves de liberté, mais nous fait oublier notre être et la conscience de soi. Lobotomisés dans la course au capital, il nous est devenu quasi-impossible d'avoir une pensée et une réflexion neutres basées sur notre propre schéma réflexif.

Les médicaments.

La médecine est une science plus ancienne que notre ère, le serment d'Hippocrate tout comme le caducée des pharmaciens trouvent leur origine dans les civilisations anciennes pré-gréco-romaines.

Il est très important de différencier cet art, la médecine, qui à la base correspond à une lecture de la nature, de l'industrie pharmaceutique. En effet, cette dernière, bien que lucrative, cache une procédure d'innovation artificielle. Les nouveaux brevets sont basés sur des connaissances ancestrales de « sorciers guérisseurs ».

Tout est dans la Nature !

Il est remarquable de constater comme la société occidentale qualifie et discrédite ces derniers alors qu'ils sont à la base de leur recherche et développement.

Pour faire simple : la médecine occidentale critique et stigmatise la médecine traditionnelle naturelle, basée sur la connaissance de la faune et de la flore, mais puise la base de ses recherches sur cette dernière. Elle recycle de vieilles recettes de « grand-mère » en insultant la « grand-mère ».

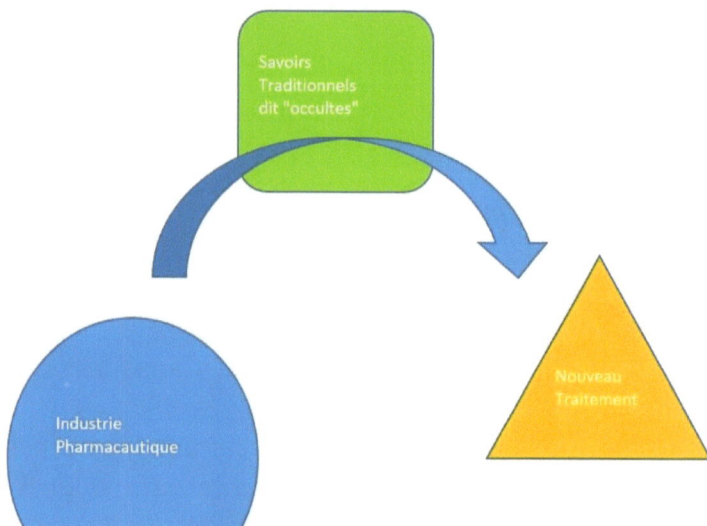

Figure 11 : Schéma de l'innovation médicale

Il n'y a pas d'innovation sans créativité, la majorité de la recherche médicale est faite à partir de traitements naturels ancestraux. L'industrie pharmaceutique tente de localiser et de synthétiser les molécules guérisseuses (Figure 11).

L'innovation, comme décrite sur la Figure 11, est basée sur la lecture de la nature par les « anciens ».

Il est parfois étonnant de voir à quel point la simplicité peut se trouver complexifiée. Les molécules utilisées ou recomposées sont basées sur une reconstitution de la nature. Les laboratoires pharmaceutiques sont concentrés dans la localisation des molécules à synthétiser et travaillent sur l'amélioration des propriétés de ces dernières.

Organisme Génétiquement Modifié.

Il s'agit d'un sujet sensible et qui résume – à lui seul – l'avancée du capitalisme libéral : les Organismes Génétiquement Modifiés, supposées solutions contre la famine dans le monde, constituent un fléau fruit de la science de l'agriculture, ou plutôt de la productivité agricole. Il s'agit de l'une des dernières étapes de la révolution agricole voulue par le capitalisme libéral. En effet, les solutions ne sont pas multiples, la pression sur les forces de travail mondiales pousse les éleveurs des pays dits « développés » à être plus ingénieux et plus productifs sous peine de mort imminente.

Encore et toujours l'innovation au profit de la croissance et du capital, car l'agriculteur s'endette sur l'investissement en machines plus performantes, méthodes de production supposées plus efficaces et surtout organismes plus productifs.

Derrière la magie des OGM, il y a des années de recherches pour aboutir à de « super » aliments, beaucoup plus résistants, sans pesticide, sans conservateur, sans pépin et donc sans cœur.

La manœuvre est très sournoise, car cette révolution brevetée dénature le paysan et l'espace agricole sans aucun complexe, mais avec une violence déconcertante. En effet, le paysan propriétaire devient locataire de son agriculture, les OGM se déplacent comme le pollen, contaminent l'espace agricole avoisinant et donc prennent le contrôle de cet espace en quelques saisons. Le deuxième effet est la rente occasionnée par la non-fertilité de ces « super » aliments.

Il est difficile, même pour les irréductibles, d'en réchapper !

Ils ne cultivent plus pour nourrir la population, mais pour être rentables. Ils ne sont même pas rentables pour eux, mais cherchent à être le moins déficitaires pour survivre. Les OGM font partie d'un outil d'asservissement de l'espace agricole. Au Moyen Âge, le seigneur prêtait ses terres aux paysans ou cerfs, mais ici l'agriculteur, souvent propriétaire, paie un loyer et, souvent endetté, finit par céder ses terres. Il devient un ouvrier agricole et par là même le pion de l'industrie agroalimentaire.

L'impôt sur le revenu.

L'histoire de cet impôt est révélatrice de la défaillance de notre système.

« Il est naturel de payer des impôts, c'est ce qui nous assure le minimum commun : entretien des routes, des hôpitaux… »

Il est commun d'avoir ce type d'argumentaire mettant en avant l'attribut social de cet impôt. Il s'agit là d'une preuve du manque de discernement des contribuables. Il est bon de prendre position pour une cause, mais ne pas confondre une cause et son marketing.

Les impôts locaux ont été instaurés pour les raisons invoquées ci-dessus ; l'impôt sur le revenu est postérieur aux impôts locaux.

Il est important de comprendre la mise en place de ce dernier avant toute mauvaise interprétation. Aux États-Unis, il fut instauré au début du XXe siècle. En fait, un groupe de banquiers proposa une alternative de financement au gouvernement des États-Unis durant la guerre d'indépendance. Les tentatives furent nombreuses… Jusqu'à ce que le président Wilson en décembre 1913, après quelques dessous-de-table, finisse par « voir » une opportunité en signant le *Federal Reserve Act* ; ce laisser-aller historique conduira à l'une des plus grandes fraudes des temps modernes.

En effet, la proposition était la suivante : l'État peut s'endetter via une nouvelle structure la *Federal Reserve*, et remboursera les intérêts via un nouvel impôt. Donc, par transitivité, l'État pourra se financer et payer les intérêts via les contribuables.

Ce modèle s'est développé dans le monde entier par l'intermédiaire de lobbyistes.

Les termes « Banque Centrale » sont utilisés pour rendre un aspect national à ces institutions privées de crédit. Notons que la Bank of England a été créée en 1694 et est une institution privée qui prête au gouvernement anglais.

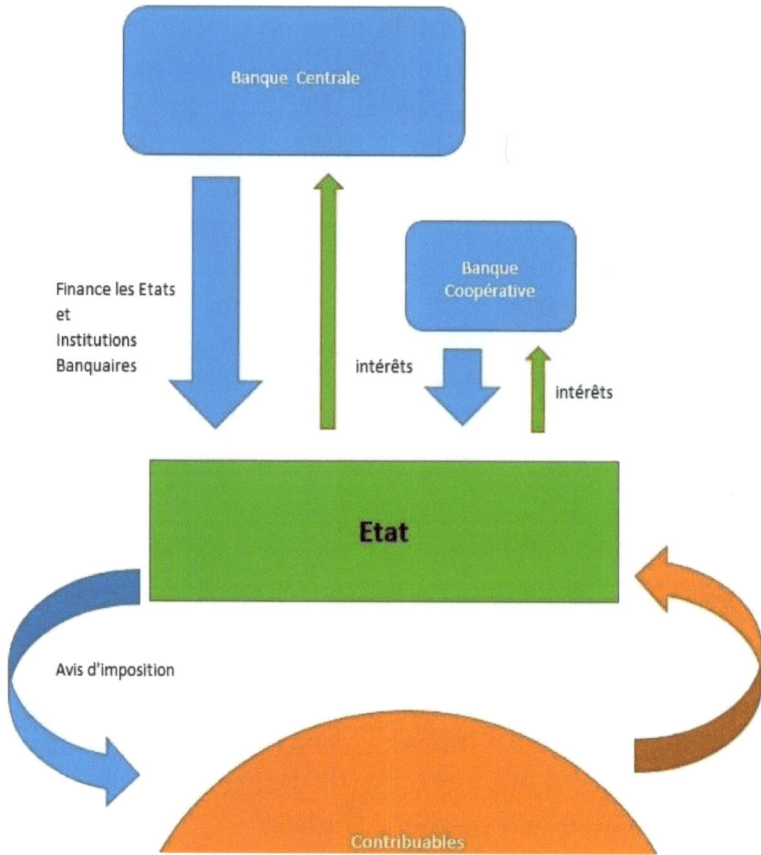

Figure 12 : Impôts sur le revenu et endettement

Les impôts sur le revenu ont été instaurés aux États-Unis en même temps que la Réserve Fédérale. Il est évident qu'ils ont pour but de rembourser le prêt contracté avec cette institution privée. L'engagement de l'État dans l'économie de la dette est trop lourd et donc s'apparente à un financement public d'une entité privée sans contrepartie (Figure 12).

Pour faire simple, si certains d'entre vous n'ont pas idée de ce qu'est l'esclavage moderne, ils en sont déjà victimes sans le savoir.

« La conscience d'être un esclave est un pas vers la liberté au contraire de l'impression d'être libre ! » CK

Les communautés économiques dans un monde libéral.

Le capitalisme et la compétitivité qui l'accompagne forcent les États à s'allier. Il s'agit là d'un phénomène très paradoxal que de voir ce type d'association économique dans un système libéral. En effet, la première raison invoquée est l'entraide face au monde libéral, mais alors pourquoi prôner ce système tout en le trouvant effrayant ? La création de ces espaces permet la mise en place d'un protectionnisme plus ou moins implicite. Ces États sont d'accord pour s'allier contre la puissance du capitalisme libéral, mais pas pour se protéger individuellement. Pire, une analyse plus profonde rend le paradoxe plus troublant, car ils reproduisent dans ce microcosme le même système ravageur.

Ainsi, les uns sont concentrés dans la production industrielle à bas coût, les autres dans les services ou l'agriculture industrielle, la communauté permet à chacun de se spécialiser. Cependant elle accroît les défauts et rend chaque membre dépendant de la communauté. La disparition des frontières économiques se trouve justifiée par cette interdépendance (perte du minimum d'autonomie requis) ; la force de la communauté s'accompagne d'une faiblesse des nations. Lorsque cette force économique se retrouve sous pression, elle remet en cause ces valeurs et les raisons mêmes de leur association, car en manque de main-d'œuvre compétitive intracommunautaire pour soutenir leur soif de croissance. En effet, les mêmes problèmes du capitalisme libéral resurgissent, la force productive de la communauté implique à moyen terme une réévaluation sociale de ses membres producteurs (les producteurs à moindre coût intracommunautaires) et donc une perte en compétitivité par rapport aux forces économiques extérieures. Le paradoxe du cycle de la croissance libérale est qu'il détruit ces communautés qui doivent s'étendre pour survivre, accueillir de nouveaux producteurs à moindre coût ou des forces actives précaires.

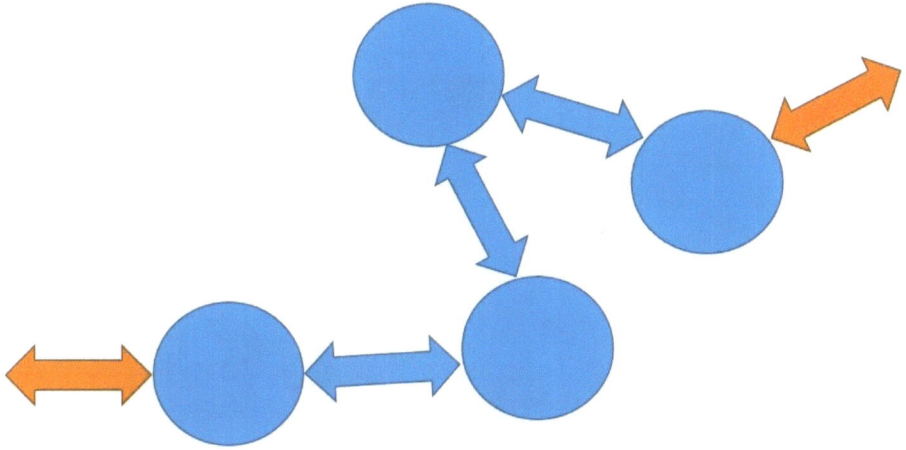

Figure 13 : Échanges commerciaux avant la création d'un espace économique

Un équilibre viendrait de la création de la communauté du monde, dans laquelle la masse productive armée de mobilité et de précarité suivrait les délocalisations. Il n'y aurait plus de nation, ni de culture et encore moins de valeur historique. En effet, ces valeurs pourraient empêcher la mobilité et freiner l'homme-outil, pire, lui faire prendre conscience de son état de servitude.

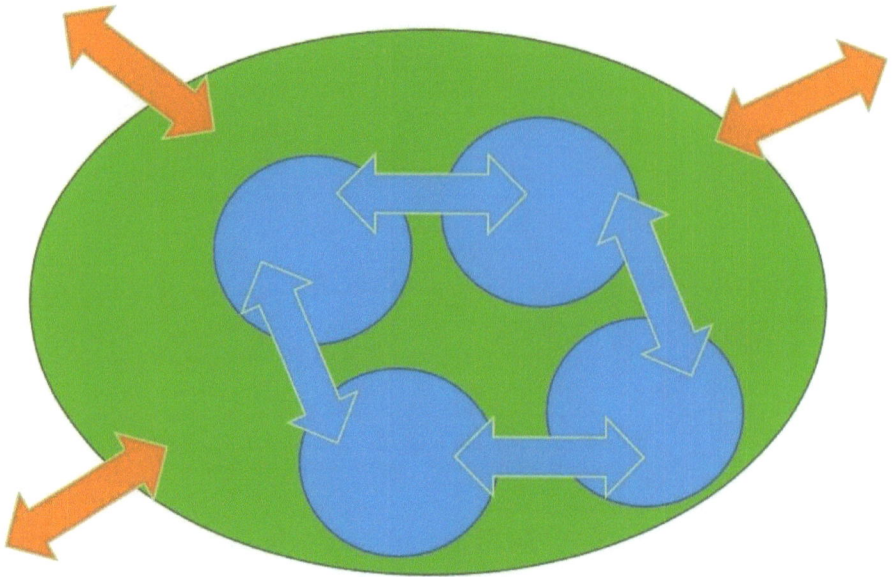

Figure 14 : Échanges commerciaux dans une communauté économique

Une communauté se définit par des accords pour améliorer les transactions entre membres et un protectionnisme implicite censé assurer une croissance ou des conditions de croissance pour chacun des membres (Figures 13, 14). Le problème est que le capitalisme est ravageur et déforme les réalités sociétales ; les pauvres deviennent de nouveaux riches et les riches ne comprennent pas qu'ils sont pauvres. Si la communauté peut spécialiser des pays, elle peut également leur faire perdre leur autonomie et indépendance.

Économie de la dette : Le cercle vicieux pour la majorité, vertueux pour une minorité.

Il y a plusieurs manières de décrire le système d'endettement dans lequel nous enferme le capitalisme. Nous pourrions dissocier les deux, mais l'endettement est une conséquence naturelle de la recherche perpétuelle de croissance.

L'endettement des États mêlé au capitalisme libéral n'est qu'un accélérateur de la chute de ce que nous appelions pays « développés ». L'instauration de ce système de dette a été abordée dans le *Paradoxe impôt sur le revenu*. Il s'agit d'une soumission totale à un système défaillant par essence comme l'a montré la section précédente.

« Le système d'endettement peut être présenté par un jeu de société ou de système sociétal : le Monopoly. » analogie tirée du chapitre VI *Debt Economy* dans *Introduction to The Fear Pricing Theory*.

Le Monopoly est un jeu de société qui a bercé mon enfance. La technologie aidant, vous devez le connaître ou pouvoir vous référer à un jeu en ligne. À l'époque, il réunissait la famille autour d'une table (*Paradoxe la femme libérée*).

Figure 15 : Monopoly

Le but étant d'accumuler des biens, terrains puis hôtels, afin d'asseoir une domination sur le reste des participants. Nous passions des heures à éviter la banqueroute.

Après quelques tours de jeu, il y a toujours cet instant durant lequel tous les hôtels ont été vendus et les futurs gagnants et potentiels perdants sont identifiés. En fait, la situation est telle qu'aucun perdant potentiel ne peut éviter de payer un loyer à un gagnant.

La probabilité qu'un perdant ne dépense rien en loyer après un tour physique complet (Figure 16) est presque sûrement nulle.

De même, la probabilité pour qu'un gagnant ne reçoive rien après un tour physique complet (Figure 16) est presque sûrement nulle.

Figure 16 : Monopoly – Tour physique

Le Monopoly représente bien la course au capital et constitue un apprentissage des règles du capitalisme (Figure 15). Nous désignons par tour physique le fait d'être retourné à la case de départ (Figure 16).

Mais lorsque l'argent commence à manquer, les gagnants sont prêts à autoriser les perdants à emprunter à la banque. Lorsque cette dernière n'a plus d'argent, les gagnants décident de prêter de l'argent à la banque. Pour garder leur statut, ils se regroupent pour contribuer à un fonds mutuel personne ne voulant être seul à contribuer.

Les potentiels gagnants qui ne veulent pas contribuer sont appelés « mauvais joueurs ». De l'autre côté, pour faire valoir leur association, les participants au fonds mutuel s'accordent sur une réduction quand ils passent dans une propriété d'un membre. Les perdants vont donc avoir accès au crédit via la banque, puis via le fonds directement.

Les mauvais perdants sont ceux qui n'acceptent pas les propositions du fonds mutuel.

Le droit d'emprunter n'est pas gratuit. Ils doivent mettre leurs propriétés en hypothèque ou vendre leurs hôtels à la banque. La banque crée toutes sortes de structures pour maintenir des revenus suffisants aux perdants pour leur permettre au moins le remboursement des intérêts. L'idée majeure étant de préserver les statuts tout en conservant l'espoir chez l'endetté (ce dernier peut se rattacher à ces potentiels revenus) et ainsi l'inciter à ne pas quitter le jeu.

On est déjà dans un système dans lequel, tour après tour, les riches deviennent encore plus riches et les pauvres deviennent encore plus pauvres. La probabilité de revenus pour les gagnants est plus forte, à en devenir quasi certaine en fonction du nombre grandissant de tours, alors qu'elle est quasi nulle pour les potentiels perdants, tour après tour.

Quand la monnaie-papier a totalement disparu de la banque, concentrée chez de riches propriétaires ou dans le fonds mutuel, les gagnants décident de prendre note des créances et donc de digitaliser la dette, c'est-à-dire de démonétiser le système. Ainsi, les dettes peuvent s'accumuler de manière infinie, comme la richesse. Pour entrer dans ce système, l'emprunteur va devoir donner un libre accès à tous les contributeurs du fonds, ce qui réduit le rendement de leur propriété.

Le système peut arriver à saturation, et il est possible, même si improbable, qu'un contributeur supposé gagnant ne reçoive aucun revenu pendant un nombre considérable de tours. Les tours peuvent être assez nombreux pour qu'il finisse par s'endetter pour contribuer au fonds. De l'autre côté, les mauvais perdants s'organisent face à l'oppression des contributeurs au fonds mutuel.

Le but de cette section est de mettre en lumière le contexte et l'environnement associés à « notre » système économique, le capitalisme libéral.

Avant d'analyser l'analogie, l'endettement n'est pas moralement mauvais, mais l'économie de la dette l'est. En effet, il ne s'agit pas de financement sain, mais d'esclavagisme. Les « gagnants » sont les pays du G8 dit « développés », les mauvais gagnants/perdants sont soit des pays dits « terroristes » (Cuba, Iran), soit des pays ne prêtant pas allégeance aux règles du commerce international (Russie, Chine).

Les perdants sont les pays sous-développés ou en voie de développement.

Notons que le BRICS[3] est le fruit de concertations entre pays dits en voie de développement. Nous avons vécu en 2008-2009 l'évènement improbable, de même en 2010 avec la crise de l'Euro.

Les deux crises ont été sauvées par l'interventionnisme... Le capitalisme libéral sauvé par l'interventionnisme et encore plus de dettes.

Le constat est une étape essentielle.

L'américanisation du monde est un non-sens quand on analyse la situation du pays supposé le plus puissant du monde.

---

[3] (*)Brésil, Russie, Inde, Chine, et Afrique du Sud

La dette s'est institutionnalisée, personne ne remet en cause l'économie qui lui est associée. Pourtant, il s'agit là d'un des piliers du capitalisme. Cette pression constante sur les gouvernements est visible à tous niveaux de notre société. Nous avons choisi deux paradoxes pour illustrer la dangerosité, mais aussi l'absurdité de ce système.

Aux États-Unis comme en Angleterre, l'évaluation de la capacité d'endettement ne se joue pas seulement sur votre salaire ou votre qualité de vie, mais sur un critère indispensable votre risque-client ou *credit scoring* en anglais. En fait, on ne pourra pas vous prêter de l'argent si vous n'avez pas de risque-client. Ne pas avoir de crédit, ne jamais avoir été à découvert ou ne pas utiliser de carte de crédit est rédhibitoire…
Les arguments sont les suivants : comment peut-on juger votre qualité d'emprunteur si vous n'avez jamais emprunté ?
De même, avoir des limites sur votre compte en banque est un point négatif sur votre risque-client. L'argument va être le suivant : vous n'avez pas confiance en vous-même, comment pourrions-nous avoir confiance en vous ?
En d'autres termes, le système vous qualifie de « mauvais » joueur, vous devez jouer selon ses règles pour pouvoir bénéficier de ses avantages.
Le but des institutions bancaires mondialisées privées majeures (Banque Mondiale et FMI) est d'avoir tous les citoyens derrière une ligne de crédit. Il s'agit d'une colonisation tournant à l'évangélisation du monde.

La prison pas si dorée : fausse démocratie, fausse liberté.

Il nous est facile dès à présent de faire le constat de la défaillance du modèle capitaliste libéral, mais aussi de pouvoir par induction déduire sa chute inévitable.
Le capitaliste libéral n'a pas de répit et s'attaque à toutes choses ; de l'être physique à l'esprit, il voit le profit et le capital en toutes choses. Si la lettre d'amour reprend des arguments majeurs que nous avons expliqués dans la section précédente, il nous faut arriver à une conclusion et un constat objectif.

Le capitalisme libéral se veut global, et par la compétitivité réduit les coûts et optimise les forces productives, au bénéfice du consommateur, pourrait-on croire.
Effectivement, le rapport qualité-prix est mis en avant et force à l'équilibre compétitif.
Ce dernier est une course perpétuelle à la recherche du moins cher pour produire, le CTPC (*Cheapest To Produce Country, pays producteur à moindre coût*) terme introduit dans *Introduction to The Fear Pricing Theory*. Le seul équilibre du capitalisme libéral est cette perpétuelle recherche de croissance ainsi que l'accumulation et l'agglomération des richesses.
Nous allons éclaircir ces deux constantes :
La production dans cet environnement global aura pour origine les CTPC. Cette course écrase les forces de travail du monde pour l'amélioration des marges et donc du profit. Cette quête perpétuelle du profit nous fait perdre le sens de la raison. Le profit n'est pas une notion si naturelle, il est le fruit d'une construction sociétale. C'est notre système qui valorise cette notion et non cette notion qui est intrinsèque à l'Homme (cf. section suivante : Civilisation passée et l'Homme sauvage).

Le plus gros des paradoxes est le cercle vicieux dans lequel ce système nous enferme. Les localités sont obligées de s'adapter à la compétition globale, ce qui implique une recherche continue de la productivité.

L'étape de développement des localités et des pays est basée sur la révolution industrielle et l'innovation productive. Cette étape, souvent jugée essentielle, n'est clairement pas suffisante face à la puissance de l'appétit du capitalisme.

En effet, la productivité de l'innovation industrielle des pays développés fait face à l'écrasement des forces de travail des pays sous-développés ou en voie de développement.

Nous sommes à la fin d'un cycle (cf. Figure 17), qui éclaire l'insatiabilité de ce système économique.

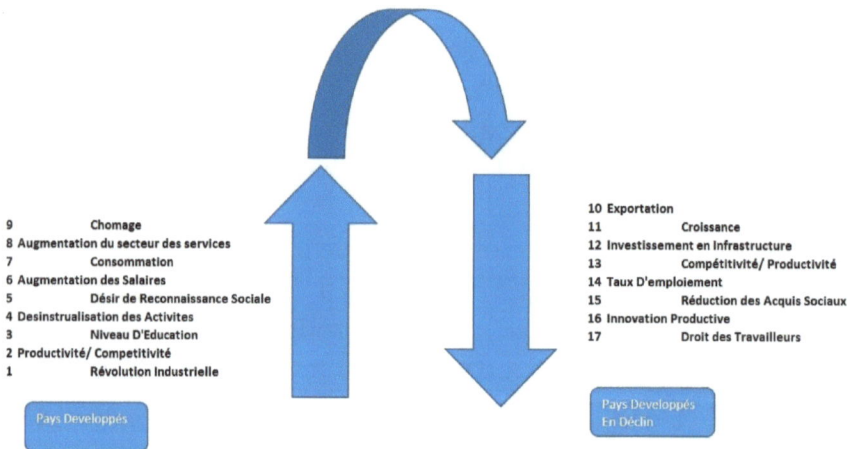

9	Chomage
8	Augmentation du secteur des services
7	Consommation
6	Augmentation des Salaires
5	Désir de Reconnaissance Sociale
4	Desinstrualisation des Activites
3	Niveau D'Education
2	Productivité/ Competitivité
1	Révolution Industrielle

10	Exportation
11	Croissance
12	Investissement en Infrastructure
13	Compétitivité/ Productivité
14	Taux D'emploiement
15	Réduction des Acquis Sociaux
16	Innovation Productive
17	Droit des Travailleurs

Pays Developpés

Pays Developpés En Déclin

Figure 17 : Cycle de la croissance

Le cycle établi est plus ou moins long, mais est caractérisé par ces étapes d'évolution productive (innovation sectorielle) qui se retrouvent rattrapées par l'exploitation d'une force de travail (moins innovante, mais surtout moins chère) ou d'une autre innovation. La suite est une déchéance qui commence par l'installation de la précarité sociale pour réduire les coûts et améliorer la compétitivité (Figure 17). Dans la Figure 17, nous montrons les augmentations à gauche et les diminutions à droite.

Ajoutée à cela l'instauration de l'économie de la dette, les localités sont forcées de poursuivre la croissance, non plus juste pour attirer les investisseurs, mais pour subvenir aux créances et s'assurer un faible coût de financement. La croissance est devenue le Saint-Graal pour tous les pays embourbés dans l'économie de la dette. D'ailleurs, une règle du système est d'entrer dans cette économie de l'endettement.

Après avoir transformé les habitants de pays développés en consommateurs, après les avoir dépouillés de travail et de compétences, après les avoir privés de leur autonomie et de leur patriotisme, après les avoir dépouillés de leur morale et de leur bon sens, le capitalisme libéral s'attaque à leur condition, à ce statut virtuel de pays « développés » pour celui de « développés en déclin » (*Developped Country In Declined*).

Après avoir fait la course à la compétitivité à travers la productivité et l'innovation, les nouveaux marchés se sont réduits, et donc l'innovation s'est axée sur les moyens de production à l'encontre de la force de travail. Le taux de chômage a augmenté, et afin de maintenir ce dernier toujours plus bas, il a fallu faire de la précarité une norme, abattre les acquis sociaux et favoriser toujours la consommation tout en démantelant les forces productives par de la sous-traitance. Les grands travaux ou projets n'ont plus lieu d'être, l'infrastructure est en place.

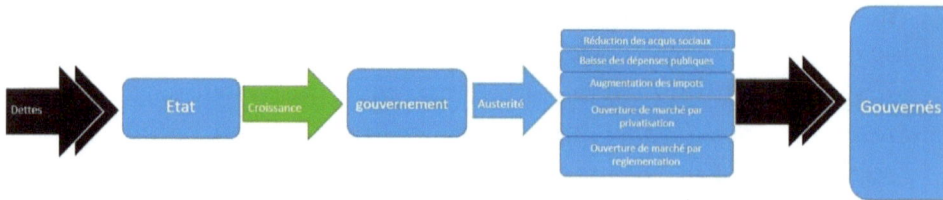

Figure 18 : Dette et austérité

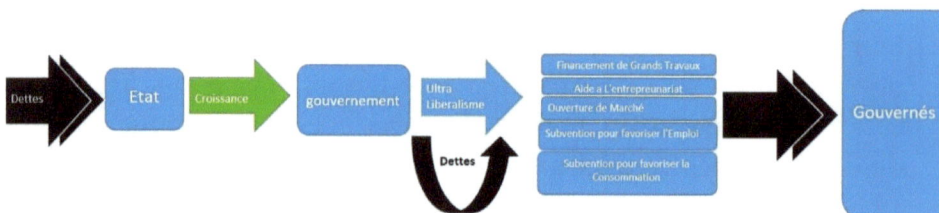

Figure 19 : Dette et ultralibéralisme

Comme expliqué en Figure 17, le cycle est clair et la pression constante comme la course à la croissance. Les solutions politiciennes consistent à s'adapter au système, mais ne le remettent pas en cause. Le problème de la dette peut se résoudre par l'austérité avec la possibilité d'avoir une croissance potentiellement réduite même si l'économie d'avance est effective (Figure 18). De l'autre côté, l'ultra libéralisme est un pur pari basé sur l'utilisation de leviers économiques à l'impact non quantifiable (Figure 19). Pour résumer, dans un cas l'économie est factuelle, de l'autre, c'est le surendettement qui l'est. Les projections économiques ne sont pas des valeurs sûres (d'ailleurs elles n'ont aucune valeur au-delà de six mois).

Alors, sous la pression de la dette et de notre système économique qui veut toujours plus, l'individu est poussé à la course au capital, le système lui transférant ses propres besoins. L'ultra consommation pour supporter la croissance se transforme en nécessité, et ce besoin de capital dû au transfert direct ou indirect de dette devient notre environnement. En effet, comme montré précédemment, l'impôt sur le revenu est né du remboursement de la dette de l'État. L'État, dépassé, a permis le transfert de responsabilités en autorisant les régions et les villes à s'endetter (cf. Figure 20). Les différents impôts locaux se sont retrouvés eux aussi contaminés. Que dire de l'individu qui est devenu un outil du capitalisme et un consommateur dénué de réflexion ? Comment peut-on encore rester impassible devant le manque de rationalité de ce système ? Derrière ces dettes d'État ou de région, on compte toujours sur le même garant : les habitants. Lobotomisé à coups de marketing et lobbying subversif omniprésent, l'individu n'a pas de temps pour penser. Il suit et subit comme le hamster dans sa course perpétuelle. Il a perdu le contrôle de son existence, on lui a volé ses rêves, ses ambitions, son temps et sa conscience morale (cf. Paradoxe Homme machine).

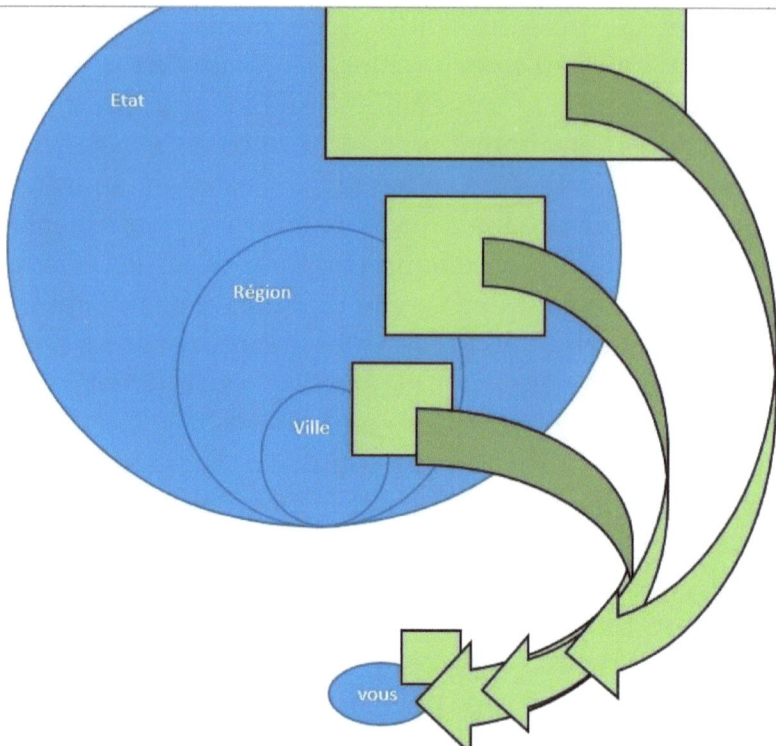

Figure 20 : Dette institutionnalisée

La dette de l'individu est un problème réel, mais il est important de noter que l'endettement institutionnel a toujours les mêmes garants : les citoyens. L'État peut évidemment mettre en gage son patrimoine, mais sa politique de remboursement impactera la population de façon directe (impôts) ou indirecte (diminution des acquis, augmentation de la précarité) (Figure 20).

Quand, réduit à un outil de consommation, il ne peut supporter la pression outrageuse de la compétitivité, il est déjà trop tard pour la réflexion objective puisqu'il est rattaché à son devoir d'emprunteur. Sa conscience devient subjective à sa situation et l'argumentaire du surendetté semble injustifié, car biaisé.

Et pourtant, le système contient les gènes d'un cycle de terreur. Les peuples n'ont pas d'autre solution que de se soumettre et, une fois avoir admis leur déclin, retourner à un état de labeur primaire, oubliant leur passé et la constitution d'un sens social sociétaire pour le diktat du libéralisme.

Le diplôme n'accorde pas de statut, vivre pour travailler devient un devoir, l'esclavage une responsabilité.

On vous a préparés à cela, on a rendu l'endettement facile et normal, mais le réveil viendra sous une forme beaucoup plus violente et incontrôlée si la pression continue à outrageusement piétiner les peuples et leur dignité.

En effet, le développement a ses limites, comme la course à la croissance.

Les agriculteurs sont devenus des employés agricoles qui ont investi dans la technologie au niveau des machines, puis ont cédé à l'alimentation dénaturée.

On synthétise ce que la nature peut nous donner pour satisfaire le système…

Comment un système si défaillant pour la masse peut-il encore perdurer ?

Qui sont les défendeurs d'un tel système ?

Il y a deux types de capitalistes. Par capitalistes, je différencie les profiteurs du capital et les individus qui sont en faveur du système capitaliste. Ces derniers ont un agenda, mais si après cette lecture ils ont toujours cette fascination pour un système répressif et si inefficient, c'est qu'ils ont choisi d'être achetés. Ils sont donc très court-termistes ou inconscients de la portée de leur immoralité.

Le capitaliste est l'accumulateur du capital, il existe deux types de grands capitalistes : le rentier et l'industriel. L'un profite du capital hérité et l'autre produit une richesse de son vivant.

En protégeant le capitalisme, certains de ces capitalistes vont se retrouver la cible d'une révolution violente des opprimés, car avec l'expansion du capitalisme libéral ils ne peuvent plus se cacher. En effet, cette masse opprimée possède aussi les moyens d'analyse de son propre sort. Si le capitalisme empêche l'individu d'avoir une conscience de son esclavage, il crée chez les opprimés des éléments forts, avec la possibilité d'analyser l'essence du système et de partager leur réflexion à travers le monde grâce aux infrastructures du libéralisme.

La révolution viendra… si ces capitalistes ont l'arrogance de croire en l'accumulation perpétuelle. Ils peuvent regarder l'ancienne classe dominante et leur sort aujourd'hui. Où sont les nobles ? Ils ont été absorbés par le capital et rejetés par la masse.
Ils peuvent aussi se baser sur la projection logique de nombreux penseurs et des stigmates de pré-réveil.

Il est important de noter que les éléments forts sont des esprits libres avec l'aptitude de garder la propriété de leur temps, mais surtout de leur esprit. Ils ont cette abstraction qui leur permet d'avoir une analyse sur le système et non juste ses conséquences.

Avant de postuler sur la Société Équilibre, il y a des socles sur lesquels nous devons nous reposer. Il s'agit de nos besoins primaires : **l'Éducation**, la **Santé**, la **Nourriture** et **l'Habitat**.
Avant de rentrer dans le vif du sujet, nous nous devons d'étudier l'effet du capitalisme sur ces quatre domaines et considérer leurs annexes.

Le capitalisme libéral fait passer ces besoins primaires au second plan, nous avons déjà esquissé des bribes d'argumentation avec les exemples des Paradoxes OGM et médicaments.

L'éducation est essentielle, mais ne passe pas que par le système scolaire. En effet, si une connaissance de base doit se transmettre, il y a aussi un transfert de valeurs morales qui doit s'opérer dans le foyer familial. Il est donc important de protéger le foyer familial, car l'équilibre doit aussi se faire à son niveau. Le capitalisme est défaillant en la matière (cf. Paradoxe *femme libérée*)

L'éducation devrait être un droit. Cependant, sous la pression du capitalisme il est jeté en pâture à toutes formes de lobbyisme en ce qui concerne l'éducation publique, tandis que le secteur privé au fil de la décroissance et des inégalités devient de plus en plus cher. **L'éducation** de qualité devient un luxe au lieu d'être un devoir de nos gouvernants.

La **santé** a été abordée via les paradoxes *médicaments*, de même que la **nourriture** et la politique industrielle agricole via le paradoxe *OGM*. Il faut noter que la nourriture et notre santé sont liées. En effet, la pression sur les agriculteurs et l'industrie agroalimentaires amène à des empoisonnements à grande échelle plus ou moins volontaires. De nombreux scandales ne cessent d'émerger que ce soit au niveau de l'agriculture (pesticides, OGM) ou au niveau de l'industrie agroalimentaire (conservateurs, aliments substitués, labels falsifiés).

L'habitat est très important. Les politiques de logement sont différentes d'un pays à l'autre, mais relèvent de problèmes majeurs dont la société et les politiques ont conscience. Il est du devoir des localités de favoriser l'accès au logement (pas à la propriété) pour faciliter les mouvements des forces productives, leur installation ou replacement.

Quelles alternatives ?

Dans cette partie, nous voulons mettre en avant des équilibres sociétaux ignorés par l'Histoire, et donc à travers eux rappeler à l'humanité que l'alternative a existé et existe. Le capitalisme n'est pas une fatalité ou l'absolution comme on tente de nous le dépeindre à travers les médias corrompus eux aussi, il s'agit d'un système que l'on a choisi pour régir le monde.

L'Homme sauvage.

Un mythe, qui a un sens philosophique profond, se voit grandi au fur et à mesure des « avancées » technologiques. Le temps est seul juge du progrès représenté par l'évolution des technologies.

En fait, une autre entité devrait être prise en compte, c'est la Nature. L'homme est le fruit d'un processus de développement de la Nature.

Est-il l'être le plus évolué que la Nature ait porté ? Question on ne peut plus philosophique, car la « conscience » source de notre pouvoir distinctif est aussi l'essence de notre destruction. Nous ne voulons point revenir sur les tourments philosophiques de prédécesseurs mieux armés et surtout préoccupés par une réponse académique alors que nous sommes dans une volonté pratique qui n'autorise pas ces égarements. Il est clair que nous ne pouvons échapper à l'analyse de notre espèce, mais nous ne devons pas nous arrêter à cette dernière. La complexité de l'Homme dans son cheminement sociétal a perdu l'amour de sa mère Nature en toute conscience.

« L'unique sagesse de l'Homme est la conscience de l'avoir perdue. »
Christian Kamtchueng
Les Vœux de Monsieur Dockins

L'avancée technologique n'a d'avancé que son usage. La Nature a perdu son rôle, comment l'Homme peut-il renier la Nature, mais surtout penser pouvoir s'en affranchir ?

Comment peut-il se passer de son enseignement ? La Nature a bercé l'humanité et a fondé au fil du temps un espace béni à son épanouissement. Pourtant, dans notre course au profit et à la croissance, nous dénaturons notre environnement pour « notre » confort. Les notions de besoin et de nécessité se sont perdues dans notre société de consommation. Le premier but est de créer le besoin, l'implication est immense…

Comme expliqué précédemment, les prix bas sont le résultat de la puissante force du capitalisme libéral sur les forces travailleuses.

Civilisations passées prépharaoniques.

On ne peut suggérer que l'Homo sapiens, dit « homme moderne », a été inerte durant ses premiers milliers d'années (190 000 avant l'ère chrétienne) comme le laissent à penser les livres d'Histoire – ou de petites histoires. Est-il vrai qu'aucune civilisation n'a pu connaître l'équilibre sociétal conduisant à une harmonie universelle ? On a souvent associé l'Homme à son insatiabilité « supposée » naturelle, cela expliquerait la récurrence des troubles, choc de civilisations et guerres répétées.

La vérité est que toutes les civilisations dites modernes ne sont pas nées de l'empire gréco-romain, mais bien d'une genèse nubienne (les premières prémices de civilisation ont été découverts en Afrique dans la région des Grands Lacs, 75000 avant notre ère).

Toutes les connaissances grecques sont dues à un échange avec la civilisation égyptienne ; tous les Platon et Pythagore ont étudié en Afrique leurs sciences de prédilection.

Peu importe la subjectivité ou malhonnêteté de la restitution de l'Histoire, la vérité est la suivante : il y a eu des civilisations bien plus évoluées qui ont précédé la genèse des civilisations dites « modernes ». Par « évolution », nous faisons référence à des disciplines scientifiques (mathématiques, physique, astrologie...), mais aussi civiques et spirituelles.

Je ne peux m'attarder à énoncer la vérité historique, mais vous recommande les travaux de Cheik Anta Diop ou Théophile Obenga pour ne citer qu'eux. Je vous invite à vous laisser désenvoûter de l'idéologie et de la propagande scientifique.

Ces civilisations ne vivaient pas en totale harmonie, mais en paix relative. Leur aversion pour les désordres et les troubles peut se voir à travers l'opposition entre leurs avancées techniques et scientifiques – que même aujourd'hui nous ne pouvons expliquer – et leurs systèmes de défense si rudimentaires. Il n'y avait pas de volonté de domination de l'autre, les vaincus pouvaient s'insérer dans la société.

Ils ont exploré quand nous envahissons, ils ont partagé quand nous détruisons, ils ont préservé l'équilibre quand nous innovons perpétuellement.

Les États Unis d'Afrique sont une vision, mais les Empires unis d'Afrique ont été une réalité : pactes de non-agression, traités commerciaux, monnaie commune ou de référence.
Notre Histoire, la vraie, devrait être une source d'inspiration, l'ouverture au possible.

Dans quelles conditions pourrions-nous arriver à une civilisation en paix avec la Nature, mais aussi une société équilibrée, prospère et sereine ? La société était si évoluée qu'elle avait pour préoccupation de conserver ses principes de vie sociétale à l'abri du temps. Les pyramides en Égypte sont des livres ouverts sur l'Histoire de cette civilisation passée, mais aussi sur sa philosophie de vie.
Tout le contraire de nos sociétés actuelles qui sont focalisées sur l'instant et le profit immédiat ; quelle innovation préservera ou augmentera mon capital demain ?
« Profit ». Ce terme n'avait même pas de sens pour ces civilisations, pire il était outrancier et assimilé à l'immoralité. La richesse de l'individu était spirituelle. La valeur de la famille et la notion de foyer prévalaient sur tout et reflétaient l'équilibre citoyen. Nous approfondirons ces concepts, mais le recentrage des valeurs est un grand chantier de construction de notre nouvelle **Société Équilibre** qu'il ne faut pas négliger.

Il est commun d'entendre « le passé appartient au passé ». Connaître son histoire, en l'occurrence l'histoire des civilisations, ne peut que nous rendre meilleurs dans l'appréhension et la compréhension de notre tâche.

L'Histoire, et surtout le savoir incrémental, sont les fondements des sociétés de demain. Ils évitent de reproduire les erreurs du passé et permettent d'avoir des perspectives de résultats tangibles.

Nous ne pouvons donc pas ignorer l'Histoire commune de l'humanité dans notre volonté de construire cet équilibre à l'allure utopique.

La question étant : si équilibre il y a eu, pourquoi en sommes-nous arrivés là ?

Ces empires avaient conscience du combat entre l'ordre et le désordre, et ils savaient que leurs sociétés perdureraient à travers leurs testaments. Notre mépris va jusqu'à détruire la beauté de notre humanité : le transfert du savoir. Pourrions-nous ne serait-ce qu'envisager la retranscription de nos valeurs sociétales comme ils ont pu le faire de manière éternelle ?

Les papyrus ont été détruits par les barbares, mais ils ont eu la sagesse de les traduire au préalable. Les fortifications et l'architecture ont été copiées avant d'être détruites, mais aujourd'hui les secrets abritant ces temples de savoir sont en train d'être défigurés par l'ego de l'Homme. Il ne s'agit pas d'Histoire pour l'Histoire, mais des preuves d'autres modèles historiques qui ont su faire leurs preuves.

La réponse serait-elle alors dans un esprit novateur ? Il est important de retracer les tentatives passées afin d'éviter de tomber dans les mêmes méandres.

Les tentatives d'États Équilibres.

Comme indiqué par Kamtchueng dans *Introduction To the Fear Pricing Theory* Chapitre 6, certaines nations ont déjà opté pour la voie de la raison comme direction sociétale. Il peut sembler dur de faire régner la logique et le bon sens quand ces derniers sont à contre-courant des valeurs directrices de l'ère sociétale dominante.

Parce que ces nations n'ont pas adhéré aux règles du commerce international qui sont la porte ouverte au capitalisme et libéralisme, elles sont immédiatement marquées comme mauvaises nations par celles déjà pénétrées par le système.
Aller contre le sens de la marche économique mondiale n'est pas sans conséquence

Cette liste de nations est très proche de ce que le système qualifie d'États terroristes. En effet, comme bien expliqué dans *Introduction to The Fear Pricing Theory* et dans le Paradoxe *endettement*, si vous n'êtes pas dans le jeu, vous êtes potentiellement coupables d'héberger des opérations de blanchiment d'argent ou de financement du terrorisme.

Nous venons de voir qu'en plus de la propagande idéologique qui est associée à notre système économique, nous avons un diktat économique censé sanctionner les récalcitrants ou hésitants. Les interventions militaires souvent associées au maintien de l'ordre ou de la paix et de la démocratie ne sont qu'un autre aspect des problèmes économiques liés à notre système.
« Il n'y a pas de guerres humanitaires, il n'y en a jamais eu ! » CK

Les interventions militaires sont le dernier plan d'action censé relancer les économies en déclin comme le définit *Introduction to The Fear Pricing Theory*. Elles permettent aussi d'instaurer un climat de terreur contre tout anticonformisme, mais surtout apportent de nouveaux marchés générateurs de croissance (voir sous-partie économie de la guerre).

Concentrons-nous sur quelques-uns de ces acteurs récalcitrants et sur leur mode sociétal pré-qualifié de « communiste », car anticapitaliste de nature.
L'application de la politique du tout ou rien a conduit à une scission du monde, seuls quelques privilégiés comme la Chine peuvent se permettre de nager entre deux eaux avec une outrageuse visibilité.

Si beaucoup estiment que leur choix de mode sociétal est dû à l'abondance de matières premières, Cuba ne peut se prévaloir de cette explication.
Notre but n'est pas de vous montrer une étude économique détaillée de chacun des pays cités, mais de vous laisser maîtres de vous faire votre propre jugement. Il y aura toujours un supporteur de l'antithèse, mais vous serez seuls capables de faire votre analyse personnelle des résultats et défaillances de chacun d'entre eux.

L'exemple de la Russie est doublement intéressant. Le gouvernement russe a un faible niveau d'endettement, et, depuis la crise ukrainienne, a su montrer des mouvements naturels de libération économique. En effet, malgré les sanctions, le gouvernement russe a pris des mesures draconiennes, mais efficaces, qui aujourd'hui lui assurent un taux d'inflation stable. Cela a renforcé sa confiance en son autonomie, car derrière les sanctions une chute du prix du pétrole a considérablement diminué ses revenus. Il faut avoir l'honnêteté de reconnaître que la plupart des économies du G7 ne pourraient survivre à de telles sanctions, car trop dépendantes de leurs importations. Elles sont devenues des pays de consommateurs, trop sensibles au marché. Par marché nous faisons référence à la vision de leur économie par les acteurs des marchés financiers.

La Libye, sous Kadhafi, avait l'un des plus généreux systèmes sociaux. S'il est facile de réduire les facilités libyennes à la richesse de son sol, que pouvons-nous dire du système de santé cubain ? Comment un pays sous embargo depuis des décennies a-t-il réussi à se hisser à la pointe de la médecine mondiale ?
Le système éducatif norvégien est source de nombreuses études, car innovant, il a permis au pays de passer du trente-cinquième rang mondial à la première place avec une réduction du temps scolaire éducatif au profit du sportif et du récréatif.

Études économiques.

Population Iraq – Russie – Etats Unis

Année	2010	2011	2012	2013	2014
Iraq	31 810 191	32 780 975	33 781 385	34 812 326	35 562 325
Russie	142 961 000	143 207 000	143 507 000	143 999 000	144 230 698
Etats Unis	311 721 600	314 112 100	316 497 500	318 857 100	319 370 150

Figure 21 : Évolution de la population de 2010 à 2014

PIB par personne

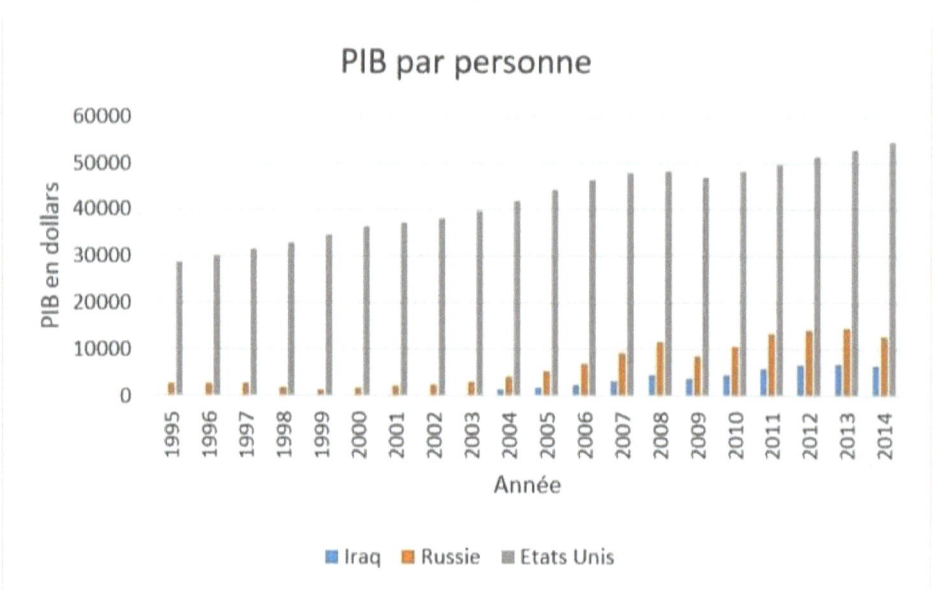

Figure 22 : Évolution du PIB de 1995 à 2014

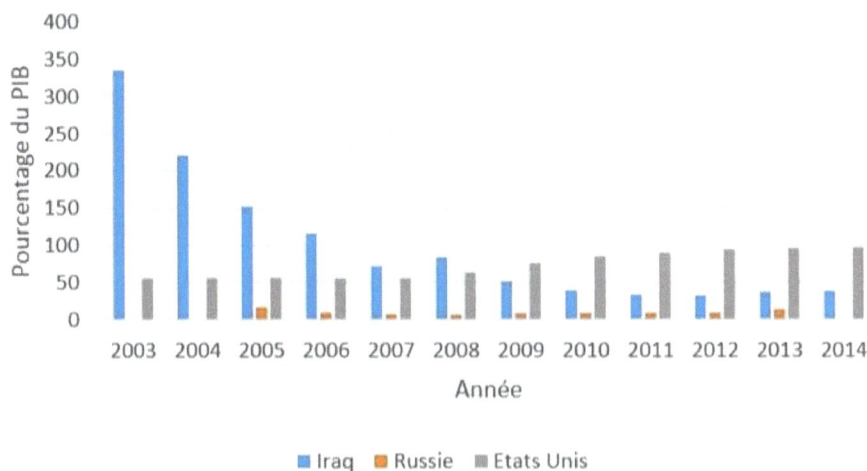

Figure 23 : *Évolution de l'endettement (en pourcentage du PIB) de 1995 à 2014*

	Agriculture (% PIB)	Industrie (% PIB)	Service (% PIB)
Russie	7 → 4	35	50 → 60
États-Unis	1 → 1.5	15 → 22	70 → 75

Figure 24 : *Répartition sectorielle en pourcentage du PIB de 1995 à 2014 ; résumé des Figures 43, 44 et 45*

	Exportations (% PIB)	Importations (% PIB)
Russie	40 → 30	20
États-Unis	10	10 → 18
Irak	70 → 40	40 → 78 → 20

Figure 25 : *Dettes en fonction du PIB de 1995 à 2014 ; résumé des Figures 46 et 47*

	Taux de chômage
Russie	5 %
États-Unis	7 %

Figure 26 : Taux de chômage de 1995 à 2014 ; résumé de la Figure 48

	Santé (% PIB)	Mort infantile	Taux de mortalité	Espérance de vie
Russie	6	22 → 9	16 → 13	75 → 80
États-Unis	12 → 17	7 → 5	8	65 → 70
Irak	3 → 6	40 → 27	6 → 5.5	70

Figure 27 : Récapitulatif de l'orientation « santé » des pays de 1995 à 2014 ; résumé des Figures 49, 50, 51 et 52

	Éducation (% PIB)	Alphabétisation
Russie	3 → 4	99.99
États-Unis	5.5	99.99

Figure 28 : Récapitulatif de l'orientation « éducation » des pays de 1995 à 2014 ; résumé des Figures 53 et 54

	PIB (% population)	Agriculture (% population)	Industrie (% population)	Service (% population)	Dette (% PIB)
Suède	72	1.2	19.2	79.6	90.2 → 97.2
États-Unis	80	2	19	79	42.8 → 40

Il est important de voir que le PIB ne représente pas exactement le chiffre d'affaires d'un État, mais vraiment la productivité de sa population. Il est facile de voir d'une manière comptable que la dette réfère effectivement à l'État, mais pas son PIB. L'État ne reçoit qu'une partie du PIB directement. En effet, le PIB est un résultat indicatif de croissance dont une partie plus ou moins grande va dans le privé. Il n'est pas à lui seul un indicateur de solvabilité ou de capacité de remboursement de la dette associée.

Cependant, il est facile d'en déduire des liens indirects grâce aux prélèvements fiscaux ; La consommation, associée à la TVA, les bénéfices d'entreprises avec l'impôt sur les entreprises, et les revenus de la population active avec l'impôt sur le revenu.

Il est important de ne pas négliger les revenus directs du gouvernement qui peuvent aller des frais de scolarité du secteur public à des entreprises nationalisées ou dont l'État est actionnaire. Tout cela pour mettre en évidence le peu de pertinence du PIB comme indicateur comptable. Il fausse la donne, car il contient de la production publique et privée. D'un autre côté la dette est minimisée, car en plus de la dette de l'État, qui est garantie par la population, il y en a d'autres qui s'appliquent à ce même collatéral qu'est la population (cf. Figure 20).

À qui ou à quoi sert donc ce nombre ? À qui est destinée cette croissance ?

Elle sert d'indicateur d'investissement et de santé économique non pas pour le gouvernement ou le pays, mais pour les investisseurs et les prêteurs. En effet, le PIB et l'espérance de croissance sont des indicateurs de tendance et rassurent les investisseurs sur le marché du pays ou sur sa dette.

Ce type d'indicateurs ne reflète en rien la santé ni le bonheur de la population.

Il s'agit d'un marché aux esclaves : on va acheter un esclave pour sa capacité de production, mais pas sur le fait qu'il soit heureux ou en bonne santé, sauf si cette dernière altère sa productivité.

Tout comptable honnête vous dira que le projet n'est pas viable, mais que font dès lors les économistes ?

Ils programment un plan de survie, pire, de recouvrement !

Comment peut-on espérer rembourser une dette équivalente à notre force de production, dans une économie si libérale que notre force de production est au profit du secteur privé ? Il n'y a pas de lien direct et simple avec le revenu de l'État. Les lois fiscales ne sont pas simples ni claires, de même que l'imposition sur les revenus. Il serait possible d'avoir une transparence sur cette dernière afin de pouvoir avoir une prévision claire des recettes fiscales en fonction de la répartition sectorielle du PIB, mais le manque de courage politique a rendu l'estimation des recettes fiscales trop compliquée.

Notons qu'en prenant de nouveaux facteurs plus réalistes concernant le chiffre d'affaires de l'État en considération, nous ne serions plus dans une logique esclavagiste de survie du système, mais dans une logique de remboursement et de plan d'autonomie.

Il faut reconnaître la situation, si nous laissons les commandes aux recouvreurs, les acteurs censés s'occuper du recouvrement d'une entreprise en cessation de paiement, ils seront concentrés sur des plans de remboursement et non des plans de libération et d'autonomie.

Les marchés financiers sont donc les premiers ciblés par les programmes des puissances gouvernantes. En effet, une politique favorable à la croissance rassure les investisseurs déjà installés, et la crédibilité du programme rassure les marchés et stabilise la note associée à la qualité d'emprunteur du pays, le *credit grade* en anglais. Se concentrer sur les réductions de budget est souvent interprété négativement en termes de croissance, car ce n'est pas l'alternative ultralibérale qui, paradoxalement, parie sur une intervention de l'État sur l'économie : augmenter la consommation en baissant les taux d'intérêt, établir une politique de grands travaux, privatiser un secteur, déréguler une activité... Il peut paraître incongru d'associer l'interventionnisme d'État à une politique libérale, mais nous n'en sommes pas à un paradoxe près. Le message est clair, l'État est un endetté comme un autre... une fois dans le cercle vicieux du surendettement, on lui permet d'avoir des prêts relais... juste assez pour avoir la tête hors de l'eau, mais le maintenant dans un état de servitude.

On prend soin de l'esclave non pas pour son bien, mais pour sa force de production et non pour sa force de libération.

De même, le créancier est souple avec l'endetté non pas pour son bien, mais pour qu'il assure le paiement des intérêts et non pas de sa dette.

Notons que ces valeurs sont celles de notre référentiel sociétal actuel, mais ne prennent pas en compte le taux de bonheur de la population. Le système est très hypocrite, car il met en avant des facteurs économiques peu révélateurs. En effet, la croissance représentée par le PIB n'est pas révélatrice de l'état d'une économie, mais est similaire à un chiffre d'affaires et représente la force productive monétarisée de cette économie. Un comptable ne peut pas évaluer la viabilité d'une entreprise uniquement par son chiffre d'affaires.

Un indicateur des plus importants est le rapport dette sur PIB. La plupart des pays du G7 sont les plus endettés, les plus ancrés dans l'économie de la dette (cf. Figures 15 et 16 Monopoly). Il est vrai que l'on dit souvent que « l'unique avantage d'être riche, c'est de pouvoir s'endetter ». Je suis de nature et de culture contre cet adage. Ces pays sont déjà prisonniers du cercle vicieux de l'économie de la dette (cf. Figure 17 et 37).

Le calcul de cet indicateur pourrait se résumer à ce taux d'endettement en pourcentage du PIB, mais il est très flatteur pour les pays du G7 embourbés dans le capitalisme libéral et la surconsommation. En effet, cette surconsommation est soutenue par le pouvoir d'endettement des institutions et des individus. Le taux d'endettement en pourcentage du PIB par personne doit prendre en compte, effectivement, l'endettement personnel moyen, mais aussi les endettements locaux intermédiaires (dette régionale, dette de la ville) qui sont représentés dans la Figure 20 qui, clairement, indique un niveau abyssal de la dette par personne. Il est important de comprendre que les forces dirigeantes pourront prendre des décisions non patriotiques pour préserver ces indicateurs.

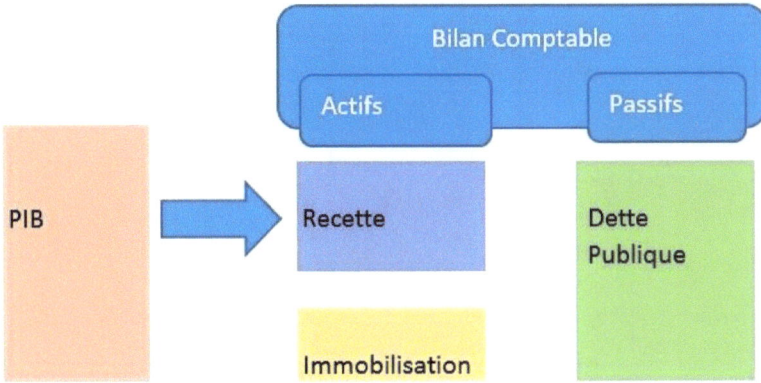

Figure 30 : Bilan comptable État

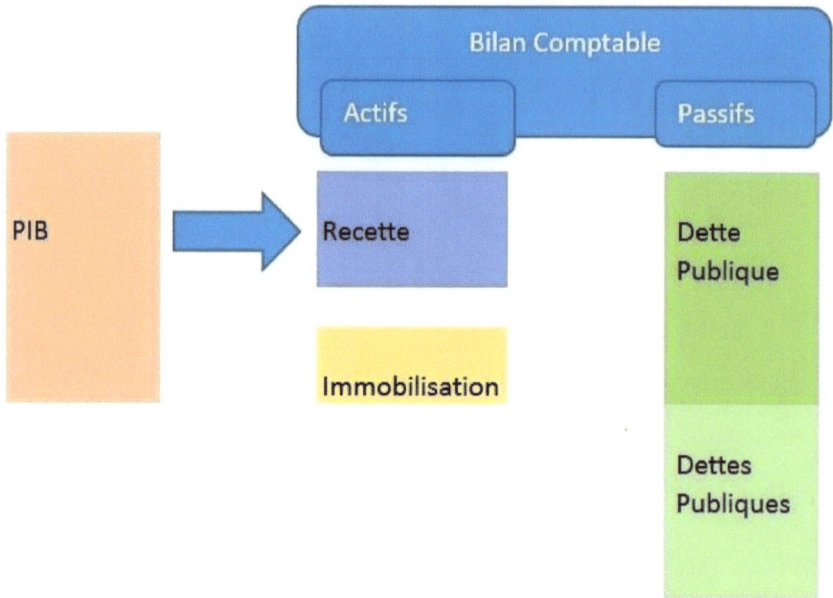

Figure 31 : Bilan comptable au niveau de la population

Souvent les chiffres caractéristiques de croissance sont donnés en pourcentage du PIB. Or le PIB est un indice de production, mais ne reflète pas directement les recettes de l'État. En effet, une partie du PIB provient du secteur privé et ne peut donc intervenir « directement » dans le bilan comptable d'un gouvernement. Les actifs de l'État sont constitués des recettes fiscales, mais aussi des dividendes concernant les parts de l'État dans des sociétés et d'immobilisations telles que ses terres ou ses espaces maritimes et aériens (Figure 31). Il est important de noter que le garant de l'État est sa population, et donc que ses dettes sont reportées à cette dernière. En nous mettant au niveau du contribuable, nous avons d'autres dettes publiques qui s'y ajoutent, tels que les impôts locaux et les taxes régionales. En allant plus loin, nous pouvons aussi considérer la dette des ménages pour avoir une vue directe de l'endettement par personne. Ce bilan permet d'étudier la viabilité de toute politique économique et de son impact « réel » sur le remboursement du prêt ou sur le remboursement des intérêts (Figure 32).

Au-delà des chiffres qui peuvent avoir une multitude d'interprétations, il est important de juger un plan économique sur sa direction et sur les leviers affectant l'objectif directionnel. Il ne sert à rien de vouloir changer de système et juger les alternatives sur les indicateurs clés du système que l'on rejette. Je tiens juste à donner des éléments de recherche personnelle à tous les individus habités par ce désir d'alternative.

Le budget « santé » américain est supérieur à celui de la Suède ou même celui de Cuba, mais il ne reflète pas l'état de santé des Américains. Les raisons sont multiples : l'investissement santé est souvent dû à des groupes de pression qui, malgré leur cœur de métier, privilégient le profit à la santé et font donc voter des lois pesantes pour les contribuables, mais à leur avantage, contre une rémunération de quelques représentants.

Quelles transitions ?

La Société Équilibre.

La Société Équilibre sera celle qui privilégiera le bon sens et l'ordre naturel.

« L'unique sagesse de l'Homme est la conscience de l'avoir perdu » CK
Les Vœux de Monsieur Dockins

Cette société privilégiera la nature à la transformation, elle réduira au minimum l'interventionnisme (voir Paradoxes *médicaments* et *OGM*) et proposera la consolidation d'un écosystème équilibré.
Par écosystème équilibré, nous désignons un système résistant à toutes les petites perturbations, nous reviendrons sur cette notion très importante.

Si dans *Introduction to the Fear Pricing Theory* Kamtchueng présente les notions essentielles à notre alternative, nous allons les développer et aborder la notion de citoyenneté qui sera reliée à celle de spiritualité.

La société sera définie en localité autonome. Une localité est dite autonome si et seulement si elle permet de subvenir aux besoins primaires de ses concitoyens :
- **Logement ;**
- **Éducation ;**

- **Santé** ;
- **Nourriture.**

La notion de **logement** peut être étendue à celle de la sécurité, mais nous voulons nous positionner dans un état d'équilibre où les localités ne sont pas en compétition, mais peuvent collaborer.

La compétition fait partie des idéaux du capitalisme libéral (cf. Paradoxes Fig. 17). Elle engendre un déséquilibre et une spirale infinie de désir exponentiel, tout comme le profit. Une croissance stable implique une augmentation, et donc une instabilité au premier ordre. Il est important de réaliser les conséquences de ce vicieux système.

L'**éducation** assure la pérennité du savoir et la préservation de la mémoire en vue de protéger les trois autres acquis, mais elle est également l'actrice majeure de la préservation de l'équilibre. Étendu à la philosophie et la spiritualité, il sera question de contenir tout désir d'innovation allant à l'encontre de l'équilibre. Un conseil de sages ou d'initiés pourra régir la transmission et se porter garant de l'équilibre.

La **santé** et l'**éducation** sont liées, le but de la première étant d'user au mieux de la seconde afin de garantir un système de santé efficace pour les concitoyens.

La nourriture est essentielle, mais s'accompagne d'une écoute de son environnement. Le but étant de nourrir les concitoyens en transformant le moins possible notre environnement (voir Paradoxe *OGM*). La nature n'aura pas à s'adapter à la société, mais l'inverse.

Il faut noter que les quatre devoirs d'une localité ne sont nullement définis avec des superlatifs, mais avec des précautions qui se doivent d'être suivies par les gouvernants ainsi que par chaque citoyen à un niveau spirituel.

Nous devons associer ces principes avec un code de vie entre le civisme et la spiritualité. L'idée étant que le citoyen est le premier à exercer ce retour à l'équilibre. Il est la première ligne de défense.

La première question qui viendra à l'esprit du non-initié, c'est le financement.

Il s'agit d'un pur non-sens, car nous voulons nous détacher de toute idée de croissance et de compétitivité. Nous privilégions la notion de citoyenneté. La communauté a un devoir vis-à-vis de ses citoyens et le citoyen a un devoir envers la communauté.
La transition est néanmoins la première question qui vient à l'esprit. En effet, la direction donnée et la question de l'exécution pragmatique sont inévitables.

Du capitalisme à l'équilibre sociétal.

Marx et Engels avaient déclaré en conclusion que la révolution était inéluctable. Il est clair que le capitalisme a survécu aux multiples crises ou oppositions d'idées.
Le système nous a nourris, bercés, et surtout nous avons appris à ne pas être contestataires…

Surtout pas du système. Même en qualité de Français, le droit de grève est surtout lié aux conséquences du capitalisme et non à son essence.

Nous avons évoqué l'importance de l'Histoire objective comme facteur de transmission intergénérationnel des valeurs, mais aussi comme la route menant à l'équilibre sociétal, les expériences passées étant toutes enrichissantes.

L'étape de décapitalisation ne peut être que locale dans un premier temps. En effet, toute réforme globale est dépendante de l'oligarchie dominante. La défaillance du système ne doit engendrer un changement que si l'oligarchie gouvernante est en danger. Elle ne peut opérer ce changement que pour un système qui rend son statut stationnaire. Dès lors, comment procéder ?

Quand la volonté a été établie, un gouvernement pourra diviser son territoire en localités autonomes dites primaires, le plus petit ensemble capable d'assurer les quatre besoins primaires.

Si le gouvernement partage sa monnaie, il devra au plus vite sortir de cette prison qu'il ne maîtrise pas. Le gouvernement commencera par payer ses fonctionnaires avec une nouvelle monnaie qu'il contrôle, il fera de même pour toutes les aides et subventions. Cette monnaie ne sera utilisée que pour les produits intérieurs, fabrication 100 % locale du point de vue du pays, mais les mêmes types de distribution pourront se faire au niveau des localités primaires.

Lors de la sortie de la monnaie unique, il sera essentiel de revenir aux quatre besoins primaires comme centre de l'économie. Ce recentrage se fera à l'échelle locale. Il est important pour toute nation et toute localité de retrouver un minimum d'autonomie par rapport à ces quatre socles.

Un premier comité de régulation devra être créé pour limiter et orienter les directions en termes de recherche et innovation.

Le financement de nouveaux projets se fera dans un premier temps par patriotisme, puis par une redéfinition des priorités de l'individu centrées sur la raison et l'harmonie, le tout guidé par le sens commun.
Nous ne pouvons pas entrevoir une révolution sans avoir le cœur des hommes. Le bonheur sera non plus fondé par l'opulence extérieure ou le faux-semblant qu'elle génère, mais sur un équilibre sociétal et un bien-être recentré sur le foyer.

Des initiatives ont déjà été opérées en ce qui concerne les répartitions de richesses…

Qu'adviendra-t-il de la dette ?
En contrôlant notre monnaie, il nous est toujours possible de rembourser à coups de sacrifices. Par une dévaluation nous pouvons régler tout créancier, mais il est important de s'assurer la pérennité de la société. Il est intéressant de remarquer que la logique poussera tout gouvernement à retourner aux quatre besoins primaires.

Pourquoi ne pas commencer par une révolution locale ?
Il n'y a pas de mal dans l'expérimentation marginale, d'ailleurs beaucoup ont déjà été effectuées avec plus ou moins de succès. Le problème est que l'acte n'est pas révolutionnaire. En effet, il n'a pas de missions propagatrices. Les raisons sont multiples : la visibilité, la propagande et surtout le cloisonnement de ce type d'initiatives.

Comme montré précédemment, des pays ont déjà franchi le pas : Cuba, Botswana, Libye de Kadhafi.

Au niveau local, beaucoup d'initiatives ont été accomplies, résultantes de la pression du système économique et non du système social.

La révolution sociétale locale pourrait être envisageable si nous étions dans un environnement raisonnable. Imaginons un maire capable d'établir les bases d'une localité primaire. La première étape consiste à créer des activités civiques gérées par la commune. La construction de logements pour les demandeurs d'emploi volontaires sera effectuée à titre gratuit par des artisans ou promoteurs intéressés par le projet.

Logements qui seront distribués à ces demandeurs d'emploi en échange de ce que l'on pourrait qualifier de travaux d'intérêt général.

Ils recevront en plus des chèques associés à la localité qui n'auront de la valeur qu'auprès des artisans et des commerçants participants. Nous formerons ainsi ce que nous appelons des cercles de dépendance sains.

Ensuite, nous pourrons créer des circuits de financement autonomes, via Afrisia ou toute autre plateforme.

Les artisans participant pourront eux aussi bénéficier de services municipaux, de logistique ou de livraisons clients.

Les activités pourront à moyen terme être si profitables que la localité pourra se passer de subventions nationales.

Il sera donc légitime de ne pas s'acquitter de certains impôts nationaux puisque l'État n'aura plus d'influence sur la vie de la localité. À quoi bon payer des impôts sachant qu'ils ne nous seront pas redistribués (cf. Paradoxes *impôts sur le revenu* et *endettement personnel*) ?

Si l'État rejette cette vision, la raison pourra fédérer de nouveaux adeptes. Notre méthode pourra éviter tout versement de salaire contre les besoins fondamentaux, ou même limiter les charges patronales sur un résiduel de salaire (cf. Figure 22).

Il est évident, avec un peu d'imagination, que le monde peut changer, mais le problème est lié à la détermination de cette minorité gouvernante à garder le statu quo et à la résilience de la majorité à affronter cette force opposée.

Évaluation du travail de chacun ?

L'évaluation du travail représente un très gros défi, car il met en exergue les prémices de classe sociale. Comment comparer les pénibilités et les utilités ?

Travailler de nuit et de jour peut-il être considéré de la même manière ?

Avoir un travail physique contre un métier administratif ? L'effort intellectuel peut-il être comparé à l'effort physique ?

Il faut construire les fondements d'une spiritualité civique qui permettent d'outrepasser les intérêts individuels et d'avoir un jugement objectif sur les contributions de chacun.

Qu'est-ce que l'argent ?

Il est bon d'apprendre de nos aînés : les civilisations kemeto-nubiennes, la plus médiatisée étant la civilisation égyptienne. Quel intérêt peut avoir l'argent quand le cœur du bonheur se trouve dans son foyer ?

L'argent, ou toute autre référence monétaire, peut être utilisé pour les échanges entre localités. Il s'agit d'une référence, mais il ne doit constituer en rien une fin en soi. Il est important que cette valeur de référence soit factuelle et non virtuelle, comme c'est le cas aujourd'hui avec le dollar qui est qualifié de monnaie de « référence » pour des raisons historiques. Il est bon de revenir à des principes légitimes.

Qu'est-ce que la propriété ?

Une question tout aussi épineuse, l'accession à la propriété pourrait très vite devenir un but. Nous pourrions imaginer une standardisation de l'habitat associée aux devoirs. La propriété est la base du foyer, mais comment associer la propriété aux citoyens sans qu'ils se sentent lésés ?

L'uniformité du communisme fut au centre des critiques : « le communisme n'est pas le partage, mais l'uniformité : les mêmes bottes, les mêmes chemins… »

Le but est de créer un équilibre avec des privilèges légitimes par la raison et l'évidence. La propriété, comme l'argent, est un vestige du capitalisme. L'accumulation des richesses est due à une peur concernant la société libérale inégalitaire, mais qui doit perdre son sens dans notre Société Équilibre. La jouissance devrait être abolie par le recadrage de valeur, la peur par une Société Équilibre égalitaire.

La notion de propriété peut être ajustée à une propriété à vie.

Qu'est-ce que le recadrage de valeur ?

Il s'agit d'une forme de citoyenneté/spiritualité qui met en avant la sagesse et la notion d'équilibre. Il peut paraître utopique de croire à ce genre de vision globale qui touche à notre spiritualité, mais une analyse de notre condition actuelle montre que la vision globale est le résultat d'une propagande et donc peut être tout aussi renversée. Si on a été capable de nous vendre les valeurs du capitalisme, il nous est possible de nous en passer. Encore une fois, il s'agit de conviction et des démarches montrent que ce type de changement est possible.

Qu'est-ce que le profit ?

Le profit est défini par le gain réalisé sur une opération ou dans l'exercice d'une activité. C'est une notion qui prend son essence dans les valeurs associées au capitalisme. Comme expliqué précédemment, nous avons été éduqués dans cet environnement de recherche de richesse et d'accumulation de capital. La recherche du profit provient d'une volonté de jouissance pure et ponctuelle ou d'une peur de son environnement. Cette notion est contre notre Société Équilibre, et cette course au profit est loin d'être naturelle. Il est donc possible de l'abolir ou la substituer à d'autres valeurs.

La transition peut être violente, mais nous la préférons contrôlée. Il faudrait le soutien total de toute la population, une volonté universelle de **Société Équilibre**. La sortie du système aura un coût valorisé par le système lui-même. Si nous sommes tous d'accord pour nous dissocier des valeurs mises en avant par le capitalisme (profit, rapport qualité-prix), ce coût sera ridicule en face de notre liberté.

Le recadrage des valeurs est indispensable pour supporter le poids de la transition. Le poids sera négligeable dans notre nouveau référentiel de valeurs, et Afrisia est une initiative qui va dans ce sens.

Nous nous focaliserons dans la création de localités autonomes, c'est-à-dire capables de fournir les quatre besoins primaires à sa population, ses concitoyens.

Une économie parallèle solidaire se mettra en place : interactivité et création de cercles de dépendance. De l'autre côté, les inactifs chômeurs et personnes au RSA vont pouvoir bénéficier d'aides en retour de services.

Un parallèle avec l'économie carcérale américaine peut être fait à tort, l'idée est de permettre à tous les citoyens de participer à la vie de la communauté. La rémunération est normalisée, dépendant du service rendu à la localité. Le principe est de remplacer toutes aides sociales par du volontariat et du travail. Ils recevront des bons patriotes (100 % locaux). Les bons patriotes sont des bons qui serviront de monnaie alternative dans les magasins agréés 100 % local ou 100 % made in France.

Le financement de cette économie ?

Les appels d'offres dans la construction seront accompagnés de services sociaux. Les promoteurs s'acquitteront de logements sociaux et spéciaux, rez-de-chaussée, immeubles adjacents aux quartiers résidentiels…

Les partenaires de la société civile seront nombreux, l'idée est de sortir du cadre de référence, de remplacer l'endettement par la solidarité civique.

En échange, ils pourront avoir accès à des travailleurs alternatifs et seront dans la liste des constructeurs patriotes. Notons l'avantage d'avoir des travailleurs alternatifs à travers les Figures 32 et 33.

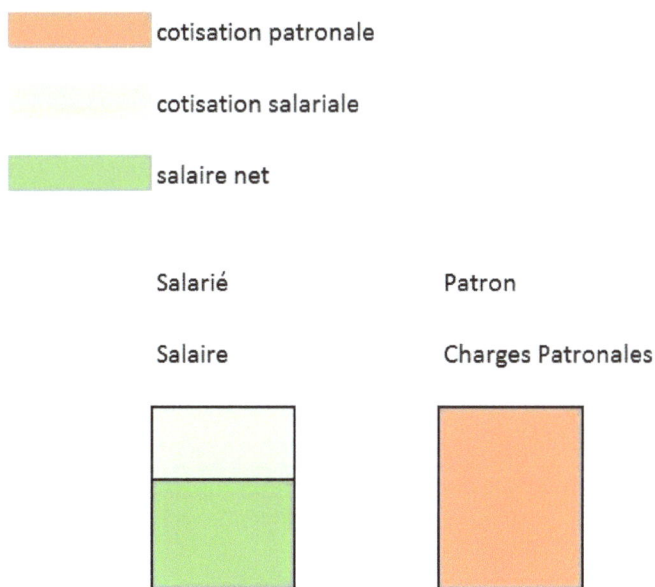

cotisation patronale

cotisation salariale

salaire net

Salarié   Patron

Salaire   Charges Patronales

Figure 32 : Travail et cotisations dans la société capitaliste

cotisation patronale

cotisation salariale

salaire net

Salarié Alternatif   Patron

Salaire   Charges Patronales

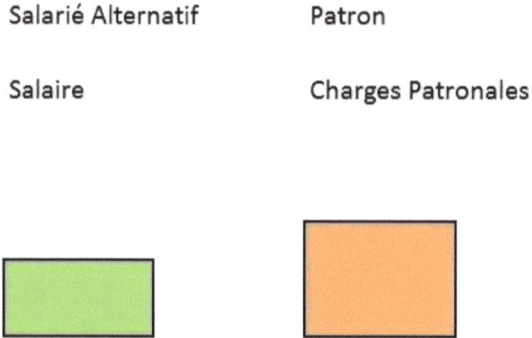

Figure 33 : Travail et cotisations dans la société en voie d'équilibre

La direction trouvée, la Société Équilibre, il est important d'établir une feuille de route composée des moyens associés à la transition sociétale. Le salarié alternatif est un statut particulier qui permettra des paiements en nature : nourriture, logement, services, biens.

Les localités devront renforcer l'économie locale en créant des partenariats et de nouveaux circuits de distribution.

Les grandes directions d'innovation seront régulées pour supporter une étape de transition de la croissance positive, c'est-à-dire menant à l'équilibre :

- L'instauration de devoir de brevet et d'enseignement pour les boursiers ;
- Les activités d'énergies nouvelles : gaz naturel avec les fosses septiques ainsi que développement de l'industrie de l'énergie végétale, le gazon comme d'autres tailles pouvant être le constituant d'une nouvelle source d'énergie.

Nous sommes tous l'esclave de quelqu'un, le capitaliste est l'esclave du capital. Le capital est l'esclave de la masse consommatrice et productive. La masse consommatrice et productive est l'esclave du capitaliste.

Notons que la technologie peut être un catalyseur de pouvoir. En effet, elle augmente le capital en se substituant aux masses productives (technologie productive), de même, elle renforce la consommation (technologie d'usure ou de consommation). Dans les deux cas, la technologie favorise le capital, car son innovation est orientée par le capitaliste en faveur du capital. Elle peut être contrôlée et régulée dans le sens de l'équilibre.

Le capitaliste est l'accumulateur du capital. Il existe deux types de grands capitalistes : le rentier et l'industriel. L'un profite du capital hérité et l'autre produit une richesse de son vivant.

Le revenu universel ?

C'est une idée, mais allons au fond des choses. En qualité de financier, je sais qu'un chiffre ne veut rien dire. La valeur réelle de la monnaie est dépendante de l'inflation. Pourquoi ne pas parler de devoir de la société vis-à-vis de ses concitoyens ?

Je préconise le panier de besoins primaires au revenu universel, car ce dernier est toujours associé à l'inflation et à un potentiel contrôle extérieur.

Il faut aussi responsabiliser l'individu, et donc lui associer des devoirs à côté de ses droits.

La société/localité et l'habitant doivent pouvoir s'accorder sur un maintien de l'équilibre. **Éducation, santé, habitat** et **nourriture**, via le programme agricole, doivent être aussi orientés vers cet équilibre.

L'**éducation** est essentielle, nous ne la réduisons pas à l'éducation scolaire ou académique. Elle est à la base du transfert générationnel. Ce transfert s'opère à travers différents contextes, qu'ils soient scolaires ou à l'intérieur du foyer...
Il est important que la transmission de savoir et l'innovation soient contrôlées et toujours dans la direction de l'équilibre.

La **santé** semble être un socle évident, car la localité est dépendante de la santé du corps et de l'esprit de ses concitoyens. Nous favoriserons les recettes naturelles de santé contre la transformation de la Nature. L'humanité a plus de dix mille ans, une nature s'est construite autour de l'expansion de l'espèce humaine. La Nature a été bienfaitrice et n'a pas attendu l'innovation pour nous armer contre les maladies. En revanche, beaucoup de maladies sont les fruits de l'innovation humaine. Il est temps de retrouver la raison.

Tout comme la **santé**, la **nourriture** ou la politique agricole rendant la nourriture accessible pour tous sont des éléments indiscutables. Là encore, il s'agira d'avoir des localités autonomes approvisionnant leur environnement en respectant sa composition.
« Ne pas vouloir des fraises toute l'année ».

L'**habitat** est un élément à prendre en compte comme base du foyer familial. Il est lié à notre équilibre. L'individu doit se sentir choyé par sa localité. Quelle serait l'unité de travail productif des abeilles sans ruche ? Des fourmis sans fourmilière ?

Il est bon de remettre en cause cette liste.
L'équilibre peut-il se résumer à ces quatre socles aussi fondamentaux soient-ils ?

L'art et le divertissement sont des éléments à ne pas prendre à la légère, mais ils sont pour moi une conséquence logique de l'équilibre préétabli par les quatre socles. Le capitalisme les considère comme une activité économique nécessaire : l'esclave a besoin de distractions, mais surtout d'oublier sa condition. L'art et les divertissements peuvent se retrouver vecteurs de communication, propagande en faveur du capitaliste ou en sa défaveur. Dans notre Société Équilibre, l'art comme le divertissement seront des disciplines importantes, mais conséquences de l'évolution sociétale. Ils seront les vecteurs de valeurs nobles : dépassement de soi, éthique et partage.

La **sécurité,** à l'inverse, est dépendante d'un contexte extra-localité. L'expansion du recadrage des valeurs nous fera oublier ses envies d'invasion. Apprécier son environnement et savoir s'intégrer à ce dernier implique implicitement un contrôle de l'innovation et de la technique. La sécurité intérieure sera nécessaire, car peu importe le recadrage moral établi, nous ne sommes pas à l'abri d'individus déviants.
Clairement, il sera nécessaire de maintenir un minimum de sécurité pour gérer toute antipathie interne et externe.

Le **transport** et la **logistique**.

Inévitable, ce secteur doit lui aussi être contrôlé pour éviter tout excès. Contrôler l'espace a des implications économiques, il est important de créer des moyens de communication intra-localité sachant que le danger est le surdéveloppement des transports extra-localité qui peut conduire à de la compétitivité implicite.

Je m'excuse d'avance pour la théorisation mathématique de ce secteur d'activité à mettre sous le coup d'une déformation professionnelle.
Définissons la distance entre deux localités, X et Y, la distance d (X, Y) est définie comme la plus courte distance entre deux locations dans chacune des localités.

$$\forall (X,Y) \in S^2, d(X,Y) = \min_{x \in X, y \in Y} \big(d(x,y) \big)$$

La technologie et l'innovation vont réduire le rapport des distances et du temps.

Il doit être toujours préférable d'utiliser les forces productives locales pour le consommateur d'une localité. Il est donc impératif de vérifier ces axiomes :

1. $\forall a \in A(X), \forall Y \in S, \forall b \in A(Y), p(a) \leq p(b) + cost^d(Y \to X)$
   $a \in \bar{A}(X), \forall Y \in S, \forall b \in \{a + \dot{A}(Y)\}, \forall c \in \ddot{A}(Y), p(b) +$
2. $cost^d(X \to Y) \leq p(c)$

Avec $A(X)$l'ensemble des produits, transformés ou non, de la localitéX,$\bar{A}(X)$l'ensemble de la production de la localité X (partie verte, cf. Figure 34), et $a + \dot{A}(Y)$ la transformation de a dans Y,$\ddot{A}(Y)$l'ensemble de produits résultant de la production et la transformation interne à la localité Y (partie jaune, cf. Figure 34). $cost^d$est le coût de transport d'une localité à une autre.

Le premier consiste à toujours donner une priorité à la production locale, il ne doit jamais être bénéfique d'importer quelque chose que la localité peut produire. Nous parlons de coût de transport que l'on doit associer à la notion de patriotisme et au levier interne à la localité qu'est la monnaie de référence.

Le deuxième axiome est lié à la transformation : il sera toujours préférable de transformer le produit dans sa zone de production plutôt que d'importer la production et de la transformer localement. Dans la Figure 34, importer la production de X pour la transformer en Y ne doit pas être plus avantageux pour les citoyens de la localité Y qu'une transformation et production interne.

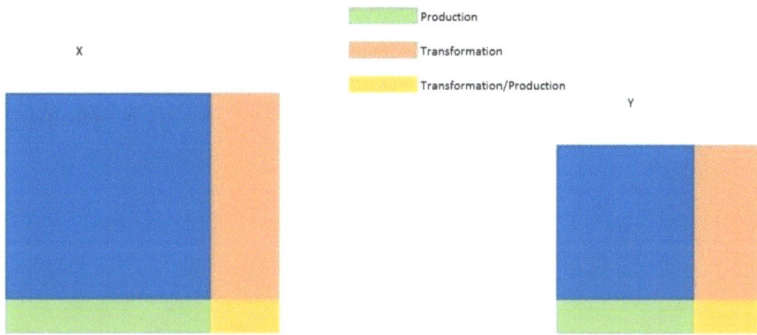

Figure 34 : Localités et logistique

Les localités autonomes se doivent de prévenir contre toute forme d'arbitrage dans l'appréciation des objets transformés et produits (Figure 34). Il est important de considérer l'appréciation au-delà du coût financier. Il faut donc prévenir les tentations et mettre en place des barrières de différents niveaux pour protéger l'équilibre de la localité : patriotisme local, coût financier des transports et des biens exportés.

Labels, nourriture et santé.

Le but d'une **Société Équilibre** est de satisfaire les besoins primaires de ses habitants en retrouvant une forme d'autonomie pour arriver à l'autarcie, pas forcément totale, mais au moins pour les besoins primaires.

Les liens entre notre nutrition et notre santé sont de plus en plus visibles et le sujet de scandales dissimulés, assimilables à de l'empoisonnement de masse : de grands groupes agroalimentaires ont été jugés coupables de crimes contre l'humanité tel que Monsanto.

Il sera de la responsabilité de la localité de raccourcir le circuit de distribution. D'ailleurs, cette appellation – circuit de distribution – du fait de la préférence locale n'aura plus de sens. Le consommateur pourra accéder à la production agricole directement ou après la transformation locale (Figure 35). L'agriculteur, comme tout autre secteur, pourra bénéficier des travailleurs sociétaires, ce qui réduira ses coûts de production, mais surtout équilibrera les transactions sur un patriotisme local, fil conducteur de l'autonomie de la localité.

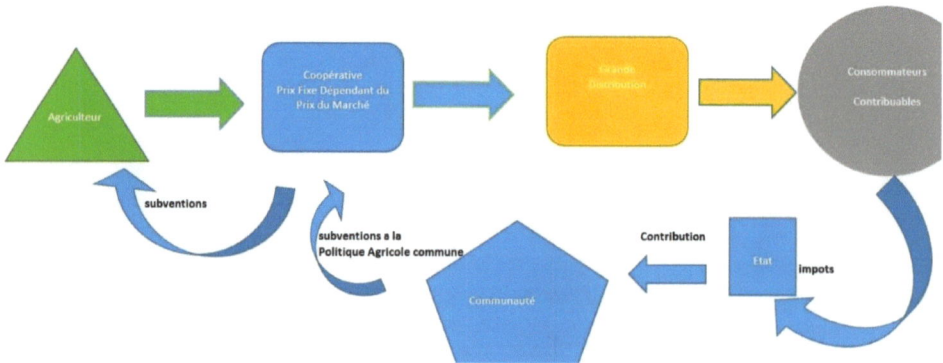

Figure 35 : Circuits de distribution et politique agricole

La place de la politique agricole est essentielle dans une localité. La Politique Agricole Commune a été un échec économique et social. Elle a conduit, tout comme le microcrédit, au surendettement de milliers d'exploitants agricoles. Les agriculteurs, pour se protéger des fluctuations, vendent leur production à une coopérative (flèche verte) qui négocie un taux fixe avec la grande distribution (flèche jaune) qui peut se retrouver en dessous du coût de production. Mais la PAC garantit l'achat de leur la production à 80 % du coût de revient. Cette politique européenne est le fruit de la contribution de chaque membre. L'exploitant est pris à la gorge par la compétition mondiale, les producteurs exploités avec un coût de production très faible, et les producteurs intensifs usant de la technologie, endettés dans l'innovation technologique. Les consommateurs profitent des prix bas, mais sont implicitement rendus responsables de la politique de la grande distribution. Ils payent eux aussi le coût de cette politique.

Les labels sont des moyens de différenciation utilisés pour lutter contre la compétition excessive imposée par le capitalisme. Cependant, l'environnement capitaliste est intrusif et ne peut pas se satisfaire d'un concurrent isolé, tout marché est potentiellement prenable.

Le bio dans le modèle capitaliste est un label, comme beaucoup, pollué par le profit. Il s'agit du même processus décrit dans les Paradoxes *cycle de la croissance* et *le cercle de vicieux de la dette* qui s'appliquent à tous les secteurs. L'innovation est dirigée pour le profit et contre les forces de travail qui représentent un coût.

Dans notre cas du label, des lobbyistes contrôlent les réglementations. Il est paradoxal qu'un label, créé pour sortir du cadre rapport qualité-prix pour d'autres valeurs, se trouve attaqué par la pression du capitalisme. Une fois le label défini, les lobbyistes payent pour une brèche leur permettant de jouir de la valeur du label en le proposant à moindre coût.

L'agriculteur labélisé se veut artisan, mais l'industrie agricole est dévorante : « il a choisi de vendre de la qualité ».

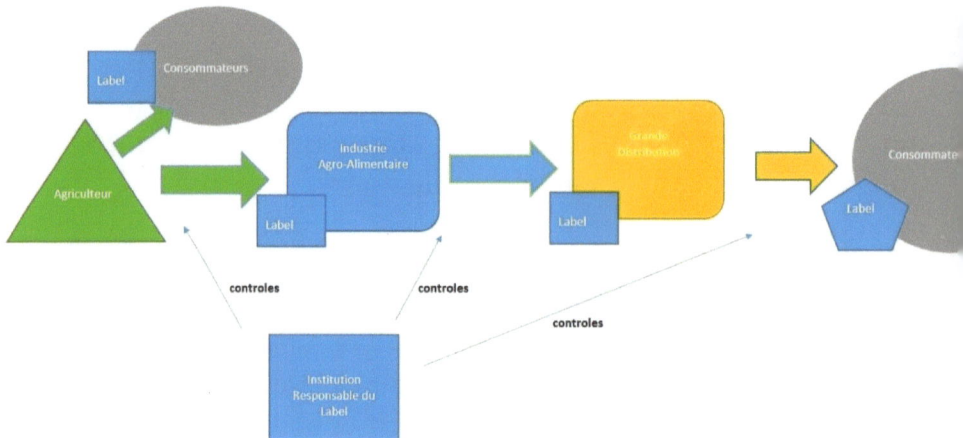

Figure 36 : Label bio

Un label peut « se perdre » dans le circuit de distribution parfois complexe. La vérité est qu'il ne se perd jamais, il est bafoué par un acteur du circuit de distribution pour augmenter l'attractivité d'un produit. Ce type de malversation est similaire à l'étiquetage mensonger ou juste trompeur au détail près que c'est le détenteur du label, le producteur, qui est réprimandé pour cette « erreur » lorsqu'elle est repérée en fin de chaîne.

Si l'institution derrière le label remarque un problème dans le produit final, elle va attaquer l'unique producteur labélisé sachant que la transformation et la distribution ne sont pas de son fait. Il est garant de la distribution finale de son produit.

Résumé et constat.

Le constat n'est pas discutable, le capitalisme libéral est défaillant. Il est important de noter qu'un système aussi défaillant par essence et si facilement identifiable doit être subventionné, sinon il aurait disparu de lui-même. Sa disparition viendra, car les profiteurs du capitalisme libéral seront les victimes de leur propre système.

La réalité et le cycle du capitalisme. Le schéma le plus important est celui du cycle du capitalisme libéral (Figures *cycle de la dette* 17 et 37) que nous avons transposé à l'industrie agroalimentaire (Figure *distribution* 35).

En effet, l'impact du capitalisme sur l'ensemble des communautés ou pays peut se résumer en quatre états :

- Le pays non développé ou en voie de développement ;
- Le pays développé ;
- Le pays développé en déclin ;
- Le pays développé sous pression.

Si nous avons représenté le cycle rêvé par le profiteur du capitalisme libéral, voici les caractéristiques de ce qui est une spirale destructive.

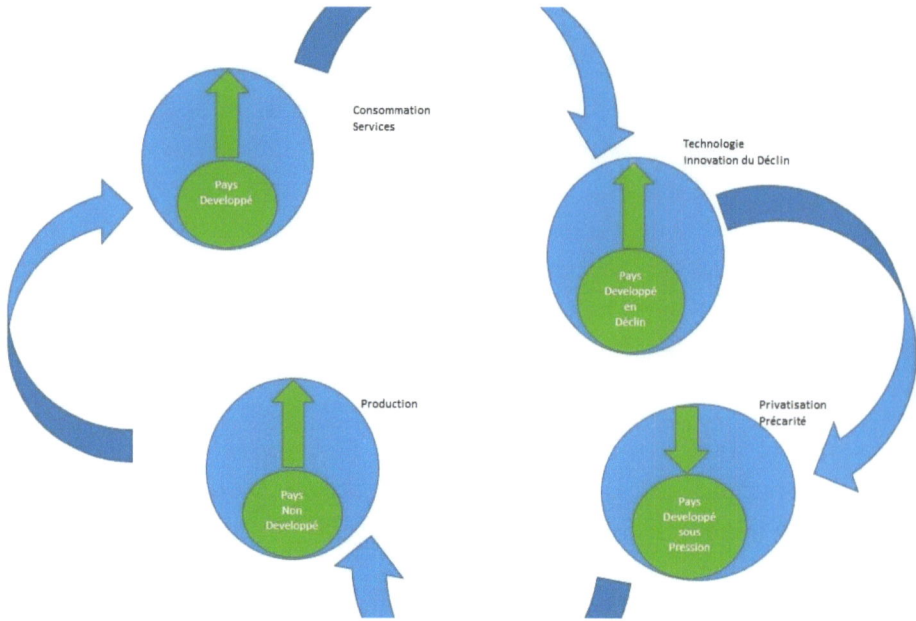

Figure 37 : Cercle vicieux du capitalisme libéral

Le cycle infernal du capitalisme libéral est clairement identifié, cependant son caractère vicieux est encore discutable sachant qu'une minorité se satisfait de ce schéma. Les pays ne sont pas les bénéficiaires de ce cycle qui peut se résumer ainsi : après un développement associé à une révolution technologique, industrielle ou sectorielle, le pays développé se retrouve dans l'obligation de répondre aux attentes de la classe montante qui a su profiter de cette croissance. Le taux d'éducation ainsi que le nombre de diplômés augmentent, tout comme les revendications sociales (voir Figure 17). Après l'investissement dans les infrastructures, le pays cède à la compétition extérieure. Perdant sa compétitivité, il se lance dans le développement d'une croissance du déclin et devient un pays développé en déclin. Sous l'étau de la dette, le pays finit par tomber dans la précarité conduisant le gouvernement à privatiser, casser les monopoles et déréglementer des secteurs plus ou moins clés, devenant un pays développé sous pression. L'acceptation de son nouveau statut de pays pauvre non développé peut permettre d'écraser les forces de travail et de reconsidérer tous les acquis sociaux. Sa masse productive enfin (re) devenue compétitive, il pourra se (re) développer, soit en qualité de producteur à moindre coût, soit à travers une innovation technologique ou technique.

Partons du pays développé : il est endetté, car il a investi pour conserver son statut en développant les infrastructures et en sponsorisant l'innovation technique. Il s'est maintenu grâce à l'innovation technique, qui a augmenté la productivité du secteur industriel, mais arrive à un point tel que la compétition extérieure a fini par rattraper son innovation, soit par une autre innovation technique d'un pays développé, soit par l'exploitation d'un pays sous-développé. Si la consommation permet de soutenir la croissance, elle n'est jamais suffisante, même soutenue par l'économie de la dette. Le consommateur ne voit pas l'endettement implicite lié au libéralisme. Les entreprises locales sous pression vont devoir investir pour concurrencer l'agression de la compétition libérale, de même la société devra délaisser des domaines d'activité à l'extérieur et aura un bilan négatif entre acquis sociaux et production par habitant. Le coût de sa main-d'œuvre non compétitive va pousser l'État à redéfinir ses secteurs de prédilection et se rabattre sur le tertiaire et toute forme d'activité dématérialisée dite « intellectuelle » ou « technologie du service ». Cette dernière innovation engendre une croissance du déclin, il s'agira de démanteler la notion de propriété, voire de l'associer à de l'endettement, un même bien va servir plusieurs formes de consommation comme démontré dans la Figure 6. Un autre levier sera l'augmentation des impôts, la réduction des subventions, l'arrêt de monopoles, la dérégulation et l'ouverture de marchés par la dénationalisation.

Cette période est un mirage où les privatisations et la fin de monopoles, annoncées comme une évolution positive et moderne, ne sont le résultat que d'une pression féroce du capitalisme. Une fois que la localité est saturée par le capitalisme, il n'y a plus de place pour de grands travaux. Le constat est triste, mais inéluctable. Le pays développé est devenu un pays pauvre. La minorité dirigeante peut se voiler la face en continuant à tirer sur la corde et à coups d'ultralibéralisme trouvera de nouveaux secteurs d'investissement potentiellement porteurs, ou elle peut entrer dans une phase d'austérité durant laquelle elle augmentera les impôts et réduira encore les minima sociaux, vendra ses propriétés et privatisera ses secteurs clés (les quatre socles).

Une fois que la localité a abandonné l'essence de son autonomie, elle perd le contrôle du bonheur de sa population. Cependant, est-il meilleur de s'endetter de nouveau afin de préserver la population dans un semblant de bonheur ? Est-il bon de repousser l'échéance ?

Car une fois l'abandon de tout espoir, le pays sous pression retrouve son statut de pays pauvre. Il faut que la population soit assez vaillante pour accepter cet état de fait et oublier son glorieux passé pour devenir une nouvelle fois une force de production pas chère. La localité va favoriser l'investissement extérieur et donc baisser les charges patronales comme les acquis sociaux. Il deviendra un devoir de rembourser ses dettes, et donc ces sacrifices seront vus comme les conséquences des gouvernances passées.

Jamais le système ne sera remis en cause… et pourtant !

Une remarque importante est que tout pays en déclin peut nier l'évidence et relancer son économie à coups de guerres. En effet, il n'y a pas de guerres humanitaires et la destruction implique une économie de la reconstruction. Nous sommes toujours dans l'illusion, mais cette dernière est alarmante, car elle implique une attitude martiale qui peut mener, dans cette économie globale, à un nouveau conflit d'ordre mondial. Notons qu'il y a toujours des profiteurs de guerre et de cette économie sanglante.

Le profiteur du capital doit lui aussi avoir peur, car l'inefficience du système deviendra très vite une information ouverte. Les profiteurs du capital seront vite identifiés, ce sont ceux qui ont été capables de faire revivre le marché de la dette en 2008. La mort du capitalisme annoncée a été éconduite par un surendettement massif ; une soumission sans précédent à l'économie de la dette alors que c'est cette dernière qui fut à l'origine de la crise.

Il a fallu des mains gracieuses pour pouvoir subventionner l'absurde, il a fallu aussi des dirigeants sans scrupule ou d'une incompétence totale pour accepter de retourner dans un système clairement défaillant. Il ne s'agit pas de circonstances ou d'accident, mais il existe des profiteurs du système qui ne sont pas prêts à abandonner leur statut, pire, avec des visées trop ambitieuses qui se retourneront contre eux.

Comme expliqué, le capitaliste est l'esclave du capital, et le capital est l'esclave de la masse productrice et consommatrice. Cette masse pourra, une fois éveillée, s'organiser pour s'en prendre aux capitalistes d'une manière violente. Il suffit encore une fois que la masse retire son argent des banques pour que le système bancaire tombe de nouveau. Le peuple peut décider de ne plus payer momentanément ses impôts pour plier toute force dirigeante oppressive.

Où se trouve votre pays dans le cercle vicieux du capitalisme libéral ?
France : pays développé en déclin ;
Cameroun : pays non développé ;
Espagne : pays développé sous pression ;
Nigeria : pays développé.

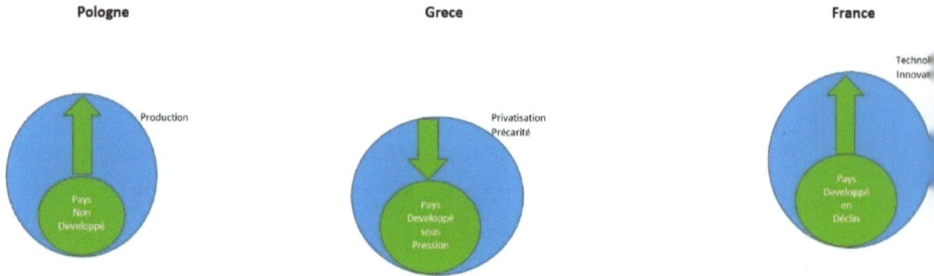

Figure 38 : Poids du capitalisme libéral sur les pays

Figure 39 : Poids du capitalisme libéral sur l'artisanat

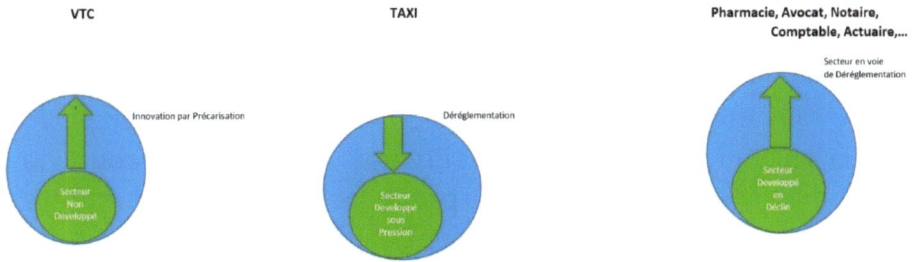

Figure 40 : Poids du capitalisme libéral sur les professions réglementées

Dans les Figures 38, 39 et 40, le parallèle est fait entre le cycle des pays face au poids du capitalisme et ce qui s'applique à l'artisanat et aux professions réglementées. Sur la Figure 38, nous illustrons des exemples de pays correspondant au cycle décrit en Figures 17 et 37. La Pologne, comme beaucoup de pays de l'Est, est devenue un producteur privilégié de toutes les multinationales européennes. Il s'agit d'un pays producteur à moindre coût. La Grèce est un pays sous pression, mais elle pourrait facilement être considérée comme un pays pauvre qui a été développé. Cependant, il faut passer par une phase d'acceptation et de résignation. La France est un pays en déclin de par la direction prise en ce qui concerne l'éducation, la culture et les prestations sociales de santé. La Figure 39 retranscrit la destruction de l'artisanat au profit de l'industrie de l'artisanat. En effet, face à la compétition des grandes surfaces, l'artisanat s'organise et crée des coopératives ou des franchises plus ou moins industrielles. La boulangerie, par exemple, a été attaquée par les grandes surfaces. Ainsi, pour se démarquer, les boulangers ont introduit de nouveaux produits jusqu'à de nouveaux labels. En réponse à l'acharnement de la grande distribution, des collectifs se sont créés dans lesquels chaque membre a sa spécialité : le meilleur pâtissier va produire des pâtisseries pour les autres, par exemple (le parallèle avec le Paradoxe *les communautés économiques*, Figure 14). En ce qui concerne les professions réglementées en Figure 40, elles sont en danger, car sous la menace d'une libération (déréglementation) de la part des autorités gouvernementales. Le capitalisme libéral a faim et n'épargne personne, la précarité et la pression exercée se feront sur toutes les classes socioprofessionnelles, comme le secteur agricole (Figure 35), le secteur ouvrier évidemment, mais aussi les professions libérales.

Conclusion.

S'il est clair que le capitalisme libéral associé à l'économie de la dette est déficient par essence (cf. Paradoxes), nous avons aussi pu voir qu'historiquement et localement l'Homme n'est quant à lui pas mauvais et belliqueux de nature. Ce sont des vertus qui servent le capitalisme, tout comme la perte de foi en l'Homme, et qui nous poussent au fatalisme. La connaissance de notre histoire ainsi que des initiatives d'équilibre est indispensable à la restauration de nos valeurs.

Si le profiteur du capital voit un pouvoir infini dans le cycle vicieux des phases de développement, il sous-estime les capacités de libération des forces opprimées. Si les Portugais se font recoloniser, si les Espagnols vont faire des travaux saisonniers au Maroc, il s'agit de petites victoires, car le réveil de la masse est proche et inéluctable.

Nous avons essayé le capitalisme libéral, mais il est temps d'être d'accord sur l'échec de ce système. L'alternative a existé et existe... Des modèles hybrides ont été développés, mêlant société civile et nationalisme économique. Les solutions sont nombreuses, mais la masse doit s'informer et avoir une conscience du recadrage de valeurs nécessaire à sa libération.

La direction est simple et naturelle : retrouver l'autonomie en ce qui concerne les quatre socles d'une Société Équilibre. En transition, il ne faut pas négliger les piliers secondaires ni l'environnement encore pollué par les valeurs que nous souhaitons combattre. Mettre en place un protectionnisme tout aussi naturel et les réformes amenant à un recadrage de valeurs. Favoriser les circuits de dépendance, mettre en place des circuits directs de consommation sains. Investir dans les innovations favorisant l'équilibre, énergies nouvelles et vectrices de collaborations locales.

Il est important d'identifier, pour chaque secteur de la société, des modérateurs capables non pas de contrôler l'innovation et la créativité, mais de les diriger dans le sens de l'équilibre.

Annexes.

Afrisia

J'ai créé Afrisia suite à ma volonté de proposer un recadrage de valeurs. En effet, après une profonde analyse de notre société, ou plutôt celle résultant du capitalisme libéral nous étant vendue comme l'absolution, j'ai pris sur moi de changer les choses. Je ne suis pas le seul à éprouver un profond rejet pour ce système inconsistant. Je voulais redonner un contrôle à la majorité silencieuse, lui donner un avant-goût de l'alternative.
Afrisia est un outil de libération

AFRISIA, THERE IS NO COMMUNITY WITHOUT UNITY
NOUS SOMMES TOUS RESPONSABLE DE DEMAIN...

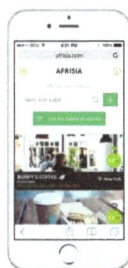

App Store   Google play

AFRISIA, C'EST QUOI ?
LA NOUVELLE RÉPONSE
RÉVOLUTIONNAIRE

AFRISIA, COMMENT ÇA MARCHE ?

1. **Référer** un business
2. **Taguer** un business
3. **Commenter** les labels associés à un business
4. **Partager** ton expérience
5. **Créer** tes labels
6. **Chercher** tes valeurs
7. **Localiser** tes valeurs
8. **Donner une nouvelle visibilité** à ton business

NEWSLETTER

Inscrivez-vous et devenez les premiers Afrisiens !

votre email   ENVOYER

AFRISIA C'EST
- Créer une communauté
- Avoir la liberté
- Supporter ses valeurs

APPLICATION
Télécharger notre application
directement sur :
AppStore & Google Play

SERVICES
- Nous contacter
- Conditions d'utilisation
- Mentions légales

© Copyright 2016 - Afrisia - All rights reserved

WeRepo

J'ai longtemps milité pour un système plus propre. J'ai confronté mes idées à travers mes travaux de recherches et des conférences. J'ai tenté de différencier la finance de notre système économique. Il y a possibilité de faire de la finance propre. À travers notre projet, nous utilisons les conséquences de l'ultra capitalisme et de la surconsommation pour enrayer la spirale du surendettement.

Figure 42 : Page d'accueil de WeRepo. WeRepo est une plateforme qui propose des services de financement alternatifs aux particuliers. www.werepo.fr

La société civile a le devoir de chercher l'alternative. Le capitaliste ne la cherchera pas pour vous, il vous soudoiera et vous fera même oublier le besoin de remettre en cause le système.

Nombre et économie.

Russie, USA et Irak.

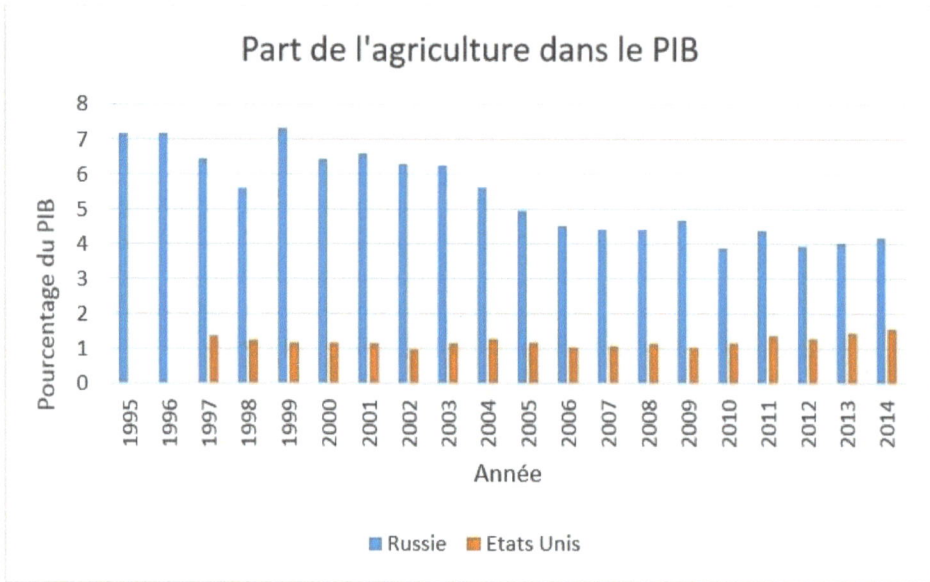

Figure 43 : Évolution de l'investissement dans l'agriculture en pourcentage du PIB de 1995 à 2014

Part de l'industrie dans le PIB

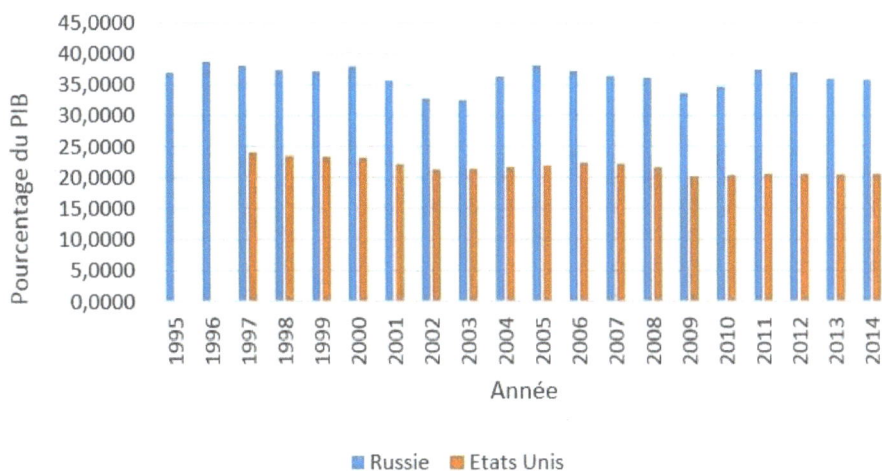

Figure 44 : Évolution de l'investissement dans l'industrie en pourcentage du PIB de 1995 à 2014

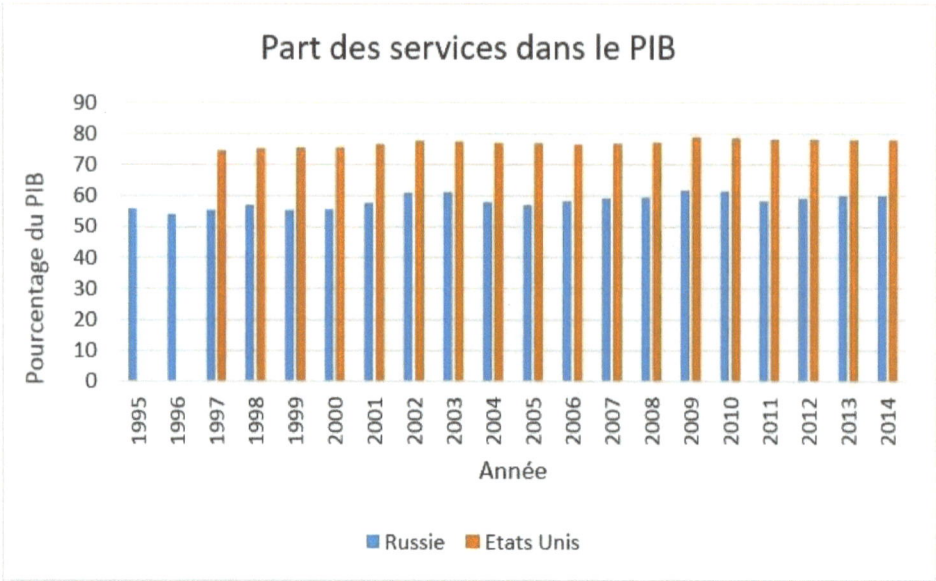

Figure 45 : *Évolution de l'investissement dans les services en pourcentage du PIB de 1995 à 2014*

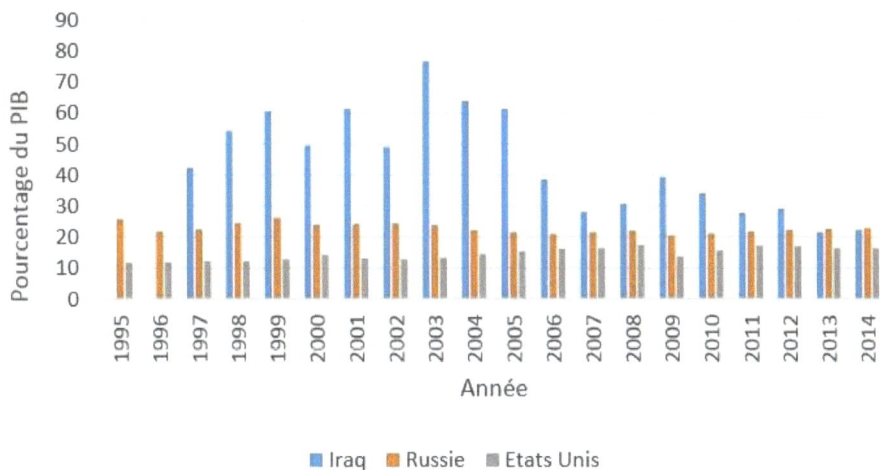

Importations en pourcentage du PIB

Figure 46 : Évolution de l'importation en pourcentage du PIB de 1995 à 2014

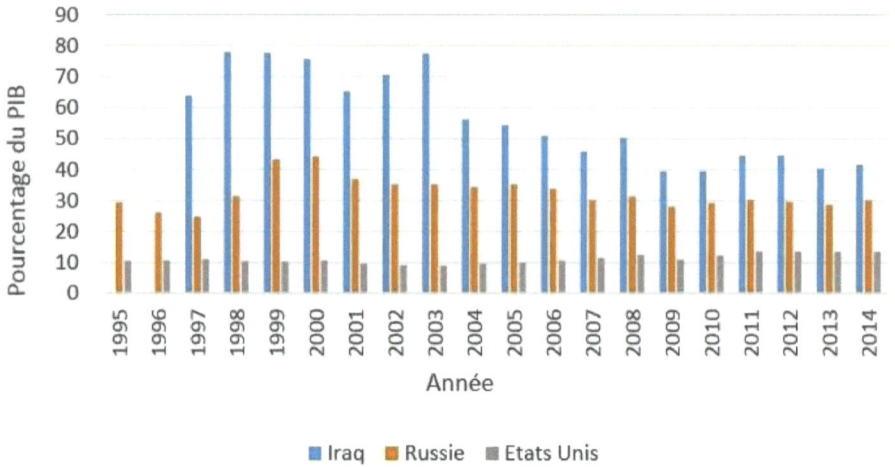

Figure 47 : *Évolution de l'exportation en pourcentage du PIB de 1995 à 2014*

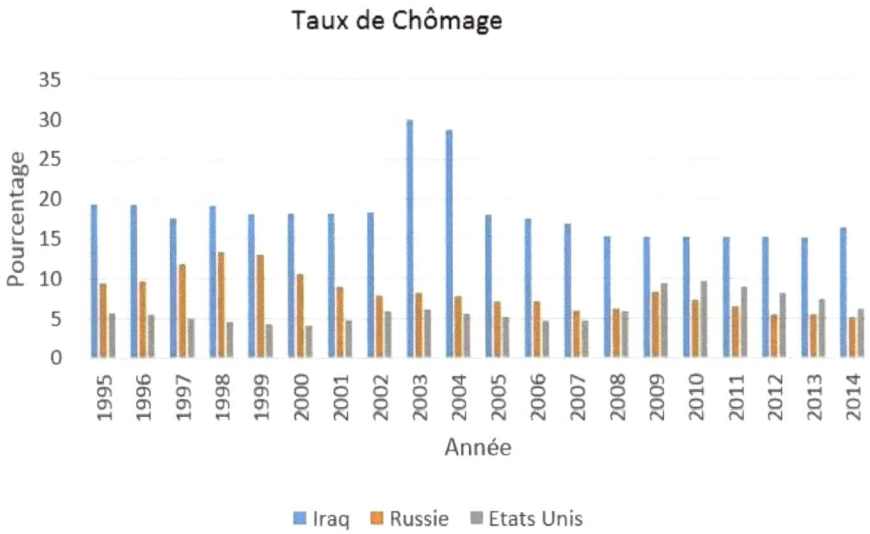

Figure 48 : Évolution du taux de Chômage

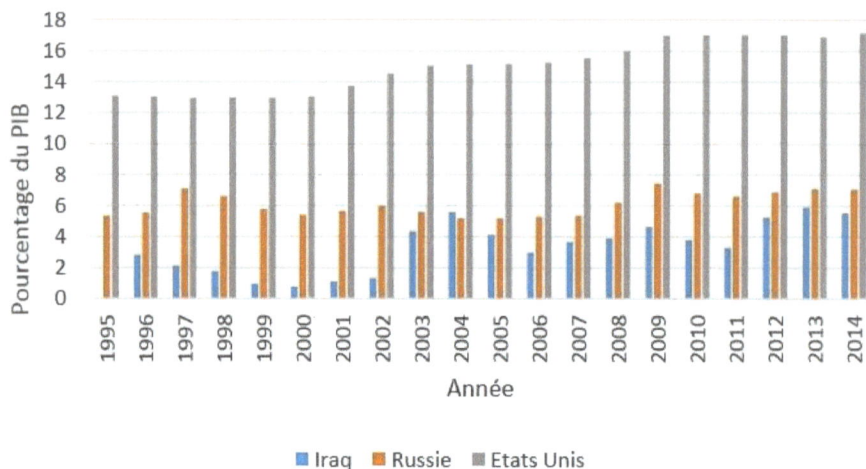

Dépenses en santé (% PIB)

Figure 49 : Évolution des dépenses de santé du pays en pourcentage du PIB de 1995 à 2014

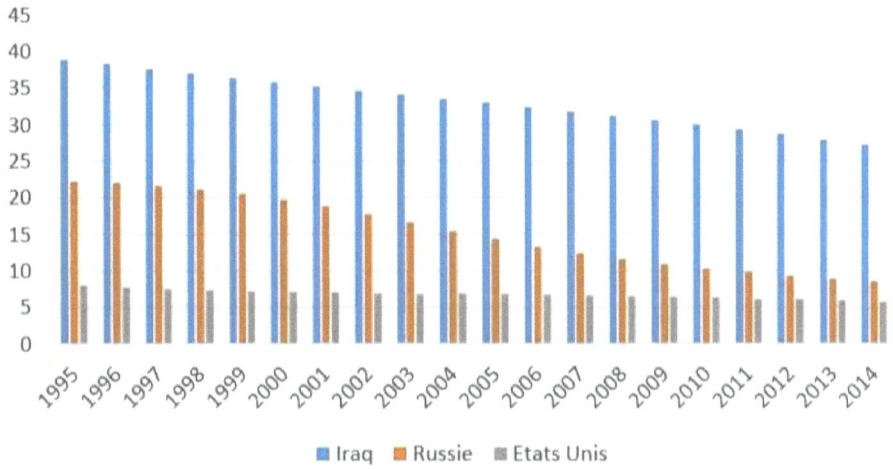

Nombre de morts infantiles pour 1000 enfants

Figure 50 : Évolution du nombre de morts infantiles

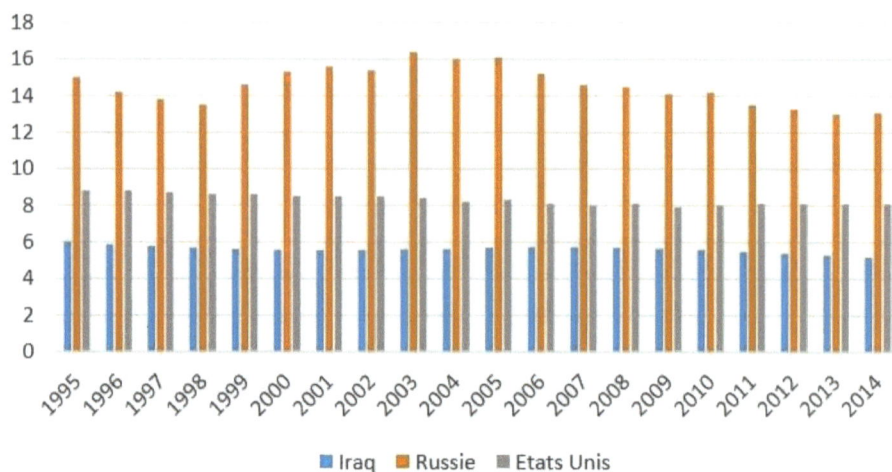

Nombre de morts pour 1000 personnes

Figure 51 : *Évolution du taux de mortalité des pays*

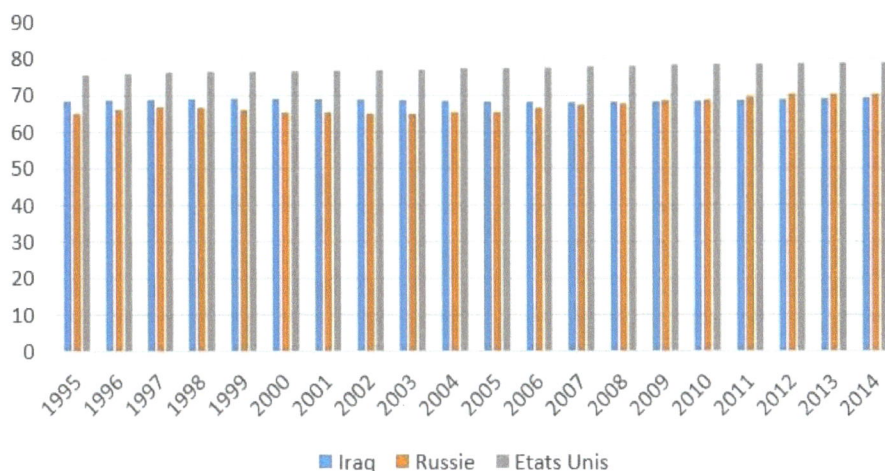

Esperance de vie à la naissance

Iraq   Russie   Etats Unis

Figure 52 : Évolution de l'espérance de vie des pays

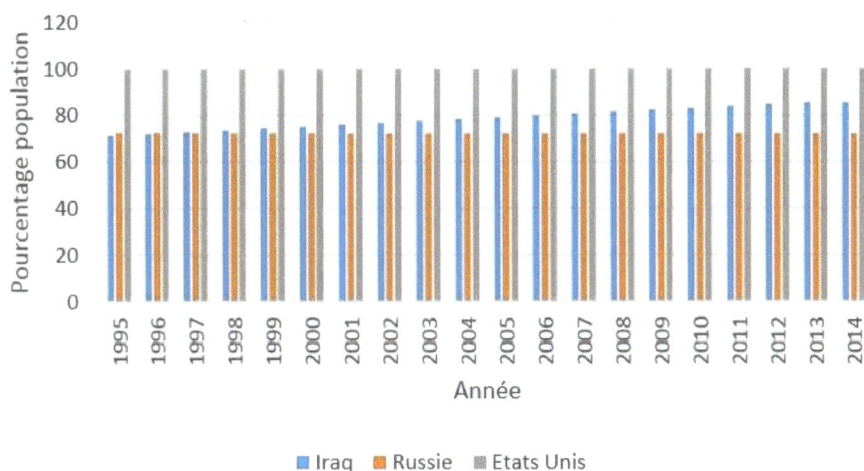

Accès installations sanitaires

Iraq   Russie   Etats Unis

Figure 53 : Évolution du taux d'accès aux sanitaires

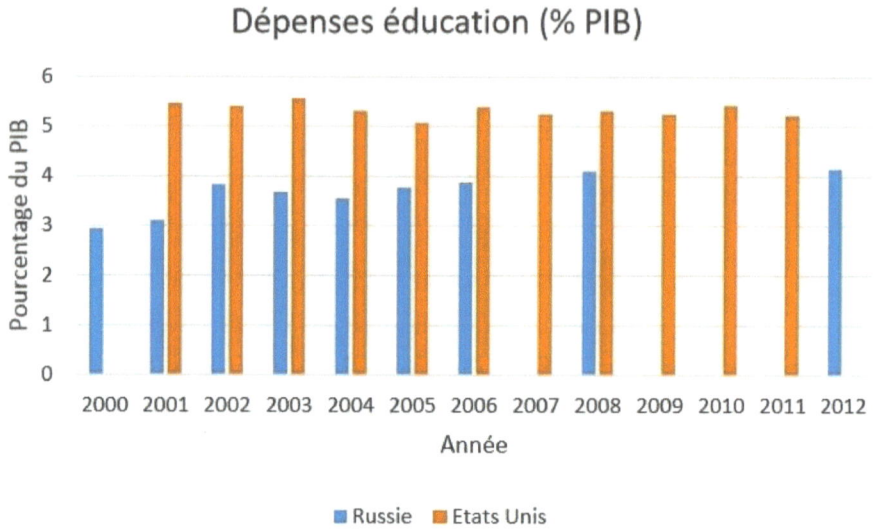

Figure 54 : *Évolution des dépenses en éducation en pourcentage du PIB de 2000 à 2012*

Taux d'alphabétisation

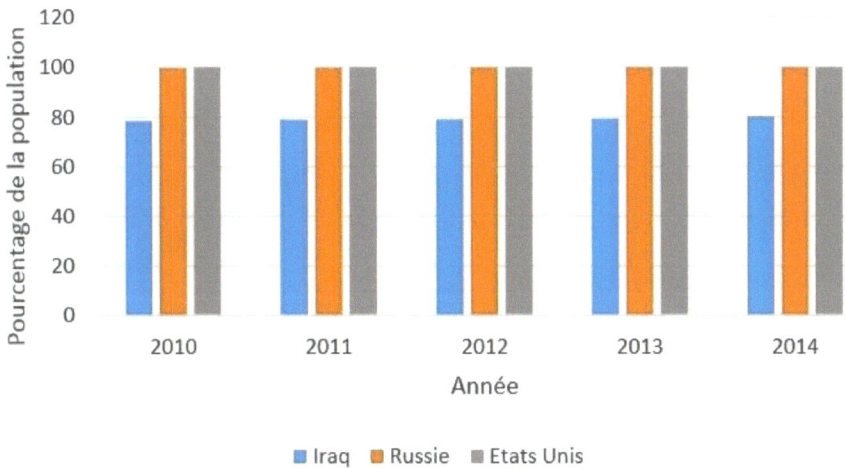

Figure 55 : Évolution du taux alphabétisation

Dépenses en armement (%PIB)

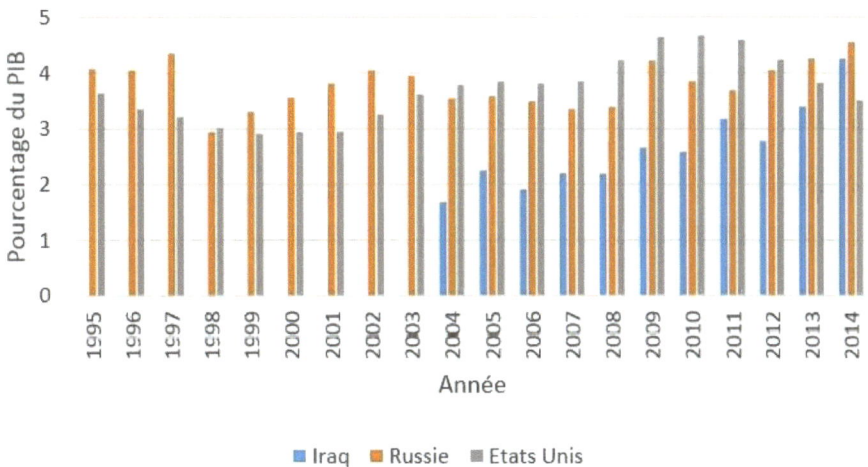

Figure 56 : Évolution des dépenses en armement en pourcentage du PIB de 1995 à 2014

BRICS : Brésil, Russie, Inde, Chine et Afrique du Sud.

	2013	2014	2015 (p)	2016
Croissance PIB (%)	2,2	1,5	1,3	0,6
Inflation (moyenne annuelle)	5,8	6,1	4,8	5,7
Solde budgétaire / PIB (%)	-4,3	-3,9	-3,8	-3,9
Solde courant / PIB (%)	-5,8	-5,4	-4,0	-4,7
Dette publique / PIB (%)	43,3	46,0	48,4	49,7

Figure 57 : Évolution et prévision de différents facteurs de l'économie sud-africaine

	2012	2013	2014	2015 (p)	2016
Croissance PIB (%)	1,8	2,7	0,1	-3,7	-3,0
Inflation (moyenne annuelle)	5,4	6,2	6,4	9,5	7,5
Solde budgétaire / PIB (%)	-2,6	-3,1	-6,2	-10,0	-8,1
Solde courant / PIB (%)	-2,4	-3,4	-4,4	-3,4	-2,4
Dette publique / PIB (%)	54,8	53,3	58,9	67,6	74,4

(e) Estimations (p) Prévisions

Figure 58 : Évolution et prévision de différents facteurs de l'économie brésilienne

	2013	2014	2015 (p)	2016 (p)
Croissance PIB (%)	1,3	0,6	-3,5	-1,5
Inflation (moyenne annuelle)	6,5	11,0	15,0	10,0
Solde budgétaire / PIB (%)	-1,3	-1,2	-3,0	-4,0
Solde courant / PIB (%)	1,6	3,0	4,5	3,8
Dette publique / PIB (%)	14,0	17,8	20,4	21,0

Figure 59 : Évolution et prévision de différents facteurs de l'économie russe

Suède et USA.

Pays / Date	2011	2012	2013	2014
Etats-Unis	72	72	71,7	71,8

Figure : Taux d'actif, en % de la population

Pays / Date	2011	2012	2013	2014
Suède	79,6	80,0	80,9	81,3

Figure : Taux d'actif, en % de la population

Pays / Date	2011	2012	2013	2014
Etats-Unis	49781	51456	52990	54629

Figure: GDP per capital, dollars

Pays / Date	2011	2012	2013	2014
Suède	59593	57134	60283	58898

Figure: GDP per capital, en dollars

Pays / Secteur	Industrie	Services	Agriculture
Etats-Unis	19,20%	79,60%	1,20%

Figure : Répartition sectoriel des actifs : % de la population par secteur

Pays / Secteur	Industrie	Services	Agriculture
Suède	19%	79%	2 %

Figure : Répartition sectoriel des actifs : % de la population par secteur

Pays / Date	2011	2012	2013	2014
Etats-Unis	90,2	94,3	96,2	97,2

Figure : Endettement de l'état, en % du PIB

Pays / Date	2011	2012	2013	2014
Suède	42,8	42	42	40

Figure : Endettement de l'état, en % du PIB

Je remercie mes étudiants de Master de la promotion 2014/2015 pour leurs travaux de recherche, le sujet étant d'étudier et comparer différents pays de manière économique classique, mais aussi d'évaluer le bonheur associé à leur politique économique ainsi que leur capacité d'absorption de crise.

Source des données :
- Data World Bank ;
- OCDE ;
- IMF.

L'Économie de la Guerre.

Le capitalisme libéral n'a peur de rien, la guerre est une activité économique comme une autre. Il n'y a pas de guerre humanitaire.

J'ai omis ce passage dans une première version, car toujours, guerre implique mort et donc affectif. Le but de ce Manifeste est de sortir de l'affectif et d'agir avec réflexion sur un système oppressif clairement identifié.

La guerre, je l'ai connue dans les médias et j'ai donc pu admirer son marketing. En effet, comme toute activité économique, il faut la vendre. S'il fut un temps où l'activité était rentable et avait une signification patriote, elle n'est plus que le fruit de pays sous pression entre la compétitivité globale et le surendettement abyssal. Il n'y a plus d'autre solution pour ces pays développés en déclin ! Ils sont sous pression, mais maintiennent l'illusion et leur semblant de zone d'influence par l'intermédiaire des armes. Il est passé le temps, des batailles directes et nationales, voire impériales, nous sommes dans l'ère de la délocalisation et de la sous-traitance.

La guerre coûte trop cher, pourquoi donc la faire quand on peut financer des rébellions ? Le raccourci est rapide, mais a été le schéma de multitudes de guerres chaudes. Notons qu'au début du XXIe siècle, les printemps arabes, la révolution libyenne, la crise ivoirienne, le conflit malien, les tueries congolaises, la déchirure du Centrafrique, la rébellion du nord Cameroun, la crise ukrainienne, le retournement irakien, l'attaque syrienne et bien d'autres... ont été pour la plupart « fomentés ». Le mot est dur et froid, il se veut opposé à l'abondance d'émotions chaudes saupoudrées de concepts vertueux comme la démocratie et la liberté, avec lesquelles on nous vend ces guerres idéologiques, alors que seule la réalité économique prévaut. La religion a été utilisée comme vecteur de division, mais surtout facteur d'intrusion dans des pays possédant des ressources sûres. Il s'agit de ressources naturelles ou de positions géostratégiques.

Si nous regardons avec objectivité les guerres comme activité économique, nous avons, au contraire d'un interventionnisme d'État contre un potentiel retour sur croissance, une dette contractuelle et officieuse entre la rébellion et le gouvernement qui, en cas de succès, sera honorée par les garanties en immobilisations matérielles que représentent les ressources naturelles ou la position géostratégique. On parle souvent de néocolonialisme, car, en effet, cette rébellion devra être soutenue encore longtemps pour prospérer, et donc sera sous protectorat de ces forces de soutien.

Il est important de faire le parallèle avec quelques attitudes mafieuses concernant les services de protection que propose l'instigateur de l'insécurité.

Les guerres, pour des raisons économiques, sont devenues des révolutions sponsorisées. Le retour sur investissements (missiles, formation, soutien logistique, tactique et stratégique) est sûr en cas de victoire. Notons que ce retour est loin d'appartenir au secteur public, il s'agit encore de poursuite de la croissance avec la collaboration du secteur privée de l'armement. Le gouvernement prend des risques au nom de la croissance, et en qualité de VRP assure un revenu à ses collaborateurs, qui souvent peuvent se retrouver de chaque côté du conflit.

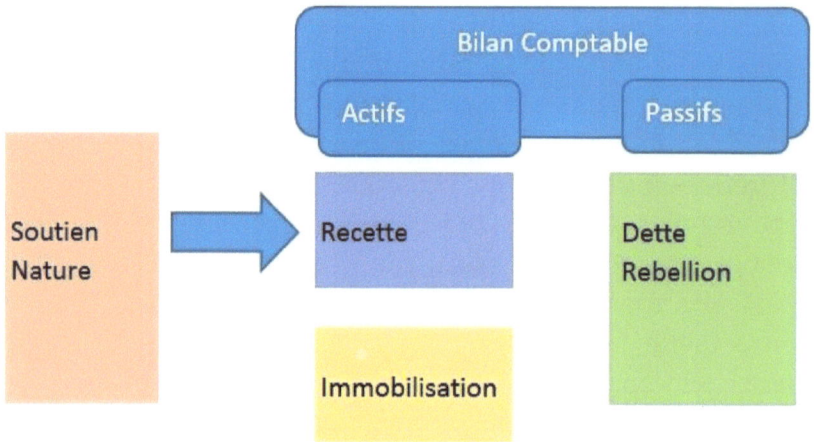

Figure 60 : Bilan comptable d'une guerre chaude

Les guerres chaudes du début du XXIe siècle sont des déstabilisations « révolutionnaires » sponsorisées. L'idée est de parier sur le bon cheval. Une fois le conflit réglé et les révolutionnaires installés, ils auront à répondre des contrats pré-signés au début du conflit, qui peut même être fomenté de toutes pièces. La dette étant factuelle et préétablie, il est temps d'immobiliser certaines ressources et de signer des partenariats de protectorat économiques et militaires.

Comment voter en 2017 ?

1. **Apprendre les leçons du passé.**
    Les politiciens, à chaque élection, sont en campagne marketing. Le programme est l'outil de propagande. Aussi carré et poussé soit-il, il ne restera qu'un outil d'accession au pouvoir.

2. **Comment juger les candidats ?**
    Oublier ce qu'il vous dit en campagne, mais juger l'homme intrinsèquement : ce qu'il a dit, et ce qu'il a fait. Fait-il des volte-faces ? Des fausses promesses ? Analyser son caractère, son histoire, son vécu, et surtout son constat sur la situation de notre pays par rapport à notre environnement. Son patriotisme doit être une de ses qualités premières, nécessaire, mais pas suffisante.

3. **Les noms : politocards, soumis, antipatriotes.**
    Francois H : politocard, antipatriote. Le 49.3, les attentats sous faux drapeaux, le discours Union Européenne sur les nationalismes.

    Nicolas S : politocard, antipatriote. L'OTAN, la Libye.

    Emanuel V : politocard, antipatriote. Le 49.3.

    Alain J : soumis, antipatriote. Le livre de de Villiers

CTK édition, 2016
IMPRESSION DE LIVRE
4 av. d'Estienne d'Orves, 06000 Nice
Dépôt Légal dernier trimestre 2016

www.ingramcontent.com/pod-product-compliance
Lightning Source LLC
Chambersburg PA
CBHW040131270326
41928CB00004B/61